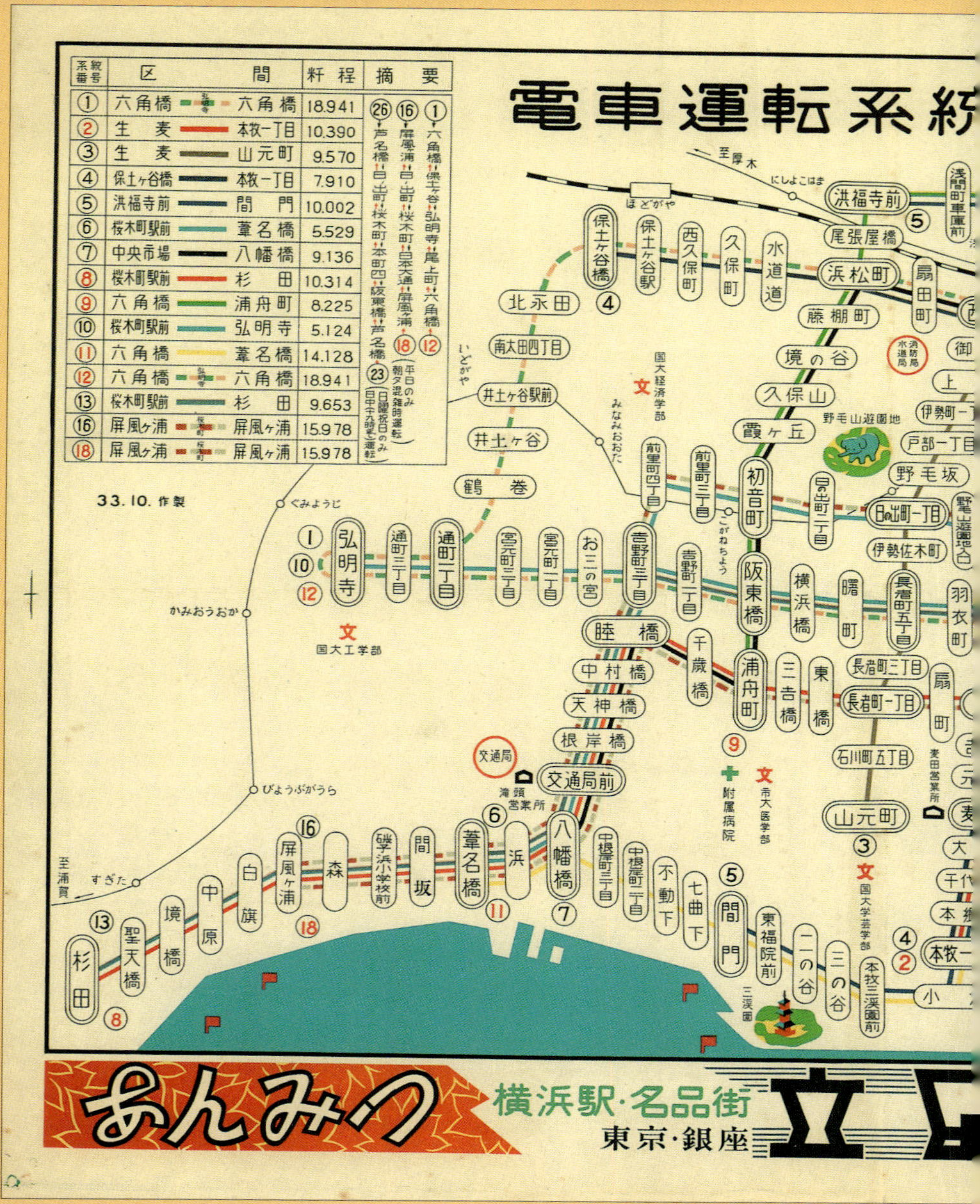

系統番号	区間		粁程
①	六角橋	六角橋（弘明寺）	18.941
②	生麦	本牧一丁目	10.390
③	生麦	山元町	9.570
④	保土ヶ谷橋	本牧一丁目	7.910
⑤	洪福寺前	間門	10.002
⑥	桜木町駅前	葦名橋	5.529
⑦	中央市場	八幡橋	9.136
⑧	桜木町駅前	杉田	10.314
⑨	六角橋	浦舟町	8.225
⑩	桜木町駅前	弘明寺	5.124
⑪	六角橋	葦名橋	14.128
⑫	六角橋	六角橋（弘明寺）	18.941
⑬	桜木町駅前	杉田	9.653
⑯	屏風ヶ浦	屏風ヶ浦（桜木町）	15.978
⑱	屏風ヶ浦	屏風ヶ浦（桜木町）	15.978

電車運転系統図　昭和33年10月作製
横浜の市電が最も充実していた頃の運転系統図。休日運転だった23・26系統も記載されている

横浜市電が走った街 今昔

ハマの路面電車定点対比

目次

感傷を込めて最後の日にハンドルを握る運転手。1163号。阪東橋にて。昭和47年3月31日

市電の最終日に市電を待つ親子連れ。野毛山遊園地入口にて。昭和47年3月31日

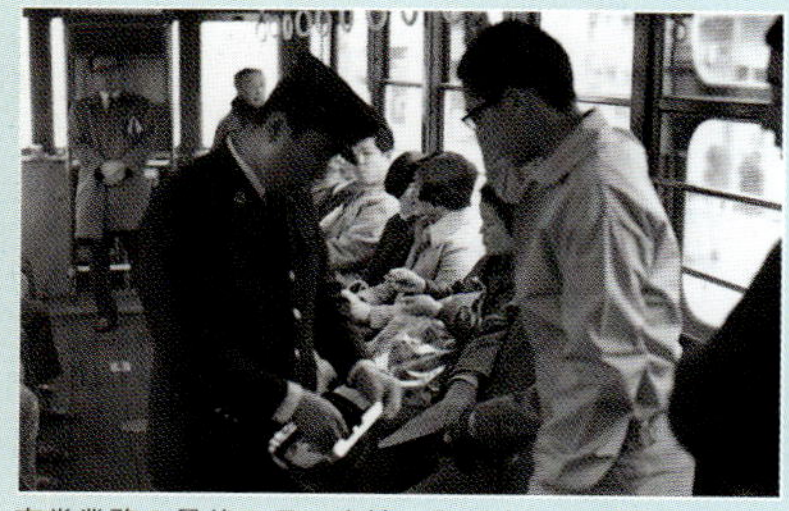

車掌業務の最後の日の表情。御所山～上原間にて。昭和46年3月20日

長者町線の廃止の最終日に装飾電車へ乗る市民。1303号。上原にて。昭和46年3月20日

路線開通・廃止年代図

＊図表の年月日は開通時期を示す。
※ 神奈川会館前〜中央市場間の年月日は乗客取扱開始日。貨物の開通は昭23.11.10。

急行運転開始を知らせるチラシ

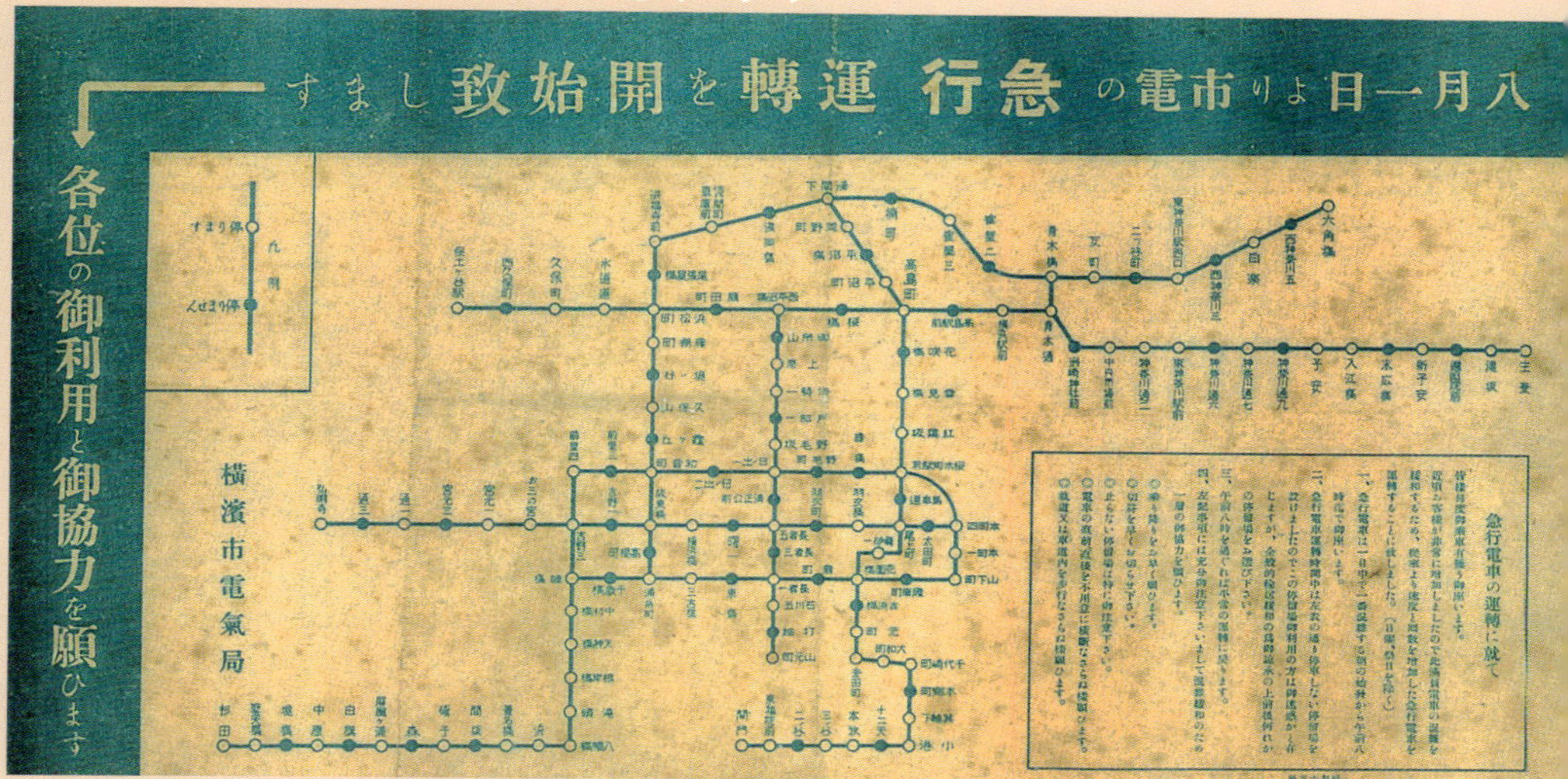

昭和15年8月1日より急行運転を開始することを知らせるチラシ。その後に停車する停留場に多少の変化があった。急行運転は最初は朝のみ、次いで朝夕、次いで終日になった。最後は戦災で立ち消えになった

横浜市内電車案内

市電になる前、まだ横浜電気鉄道だった時代に会社から発行された電車案内。横浜の名所とともに停留場の位置が示されている。運賃は普通片道五銭とある

切符コレクション

（※切符類は特記以外縮小50%）

定期券

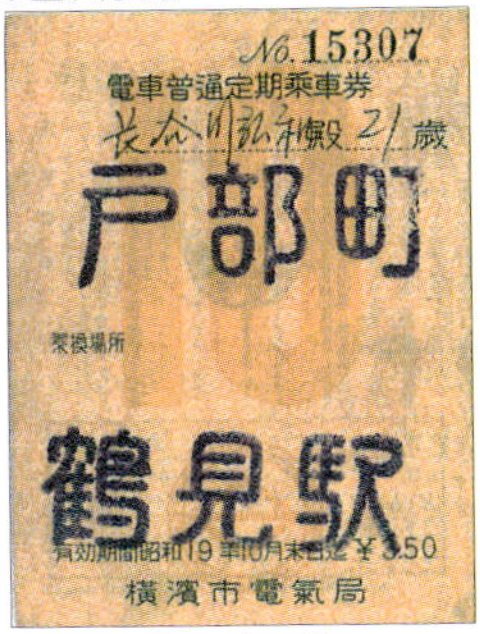

昭和19年10月
定期券（鶴見線を含む）
1ケ月　3円50銭

乗車券

昭和12年8月1日改正　車内券　7銭
（縮小70%）

大正15年（1926）4月1日改正
早朝割引往復券　9銭（縮小70%）

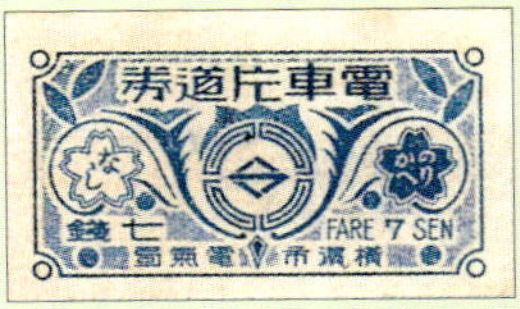

昭和8年9月1日改正　車内券　7銭
（縮小70%）

特別乗車券

昭和6年6月発行
独逸（ドイツ）軍艦歓迎特別乗車券

回数券

昭和12年8月1日改正
甲種　通学回数券表紙
50回　2円20銭

昭和12年8月1日改正
小児回数券表紙　20回
60銭

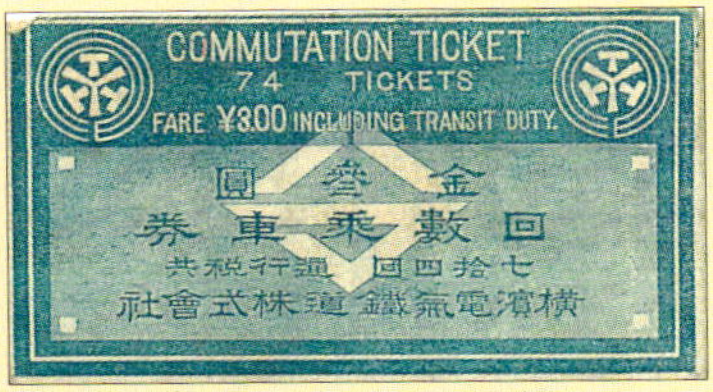

会社時代　大正6年（1917）7月10日改正
回数券表紙　24回　1円

昭和23年6月1日改正
回数券表紙　21回　70円

昭和8年9月1日改正
回数券表紙　15回　1円

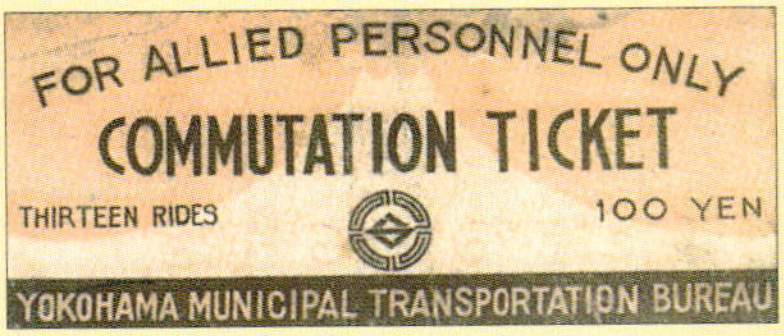

駐留軍用回数券表紙　13回　100円

乗換券

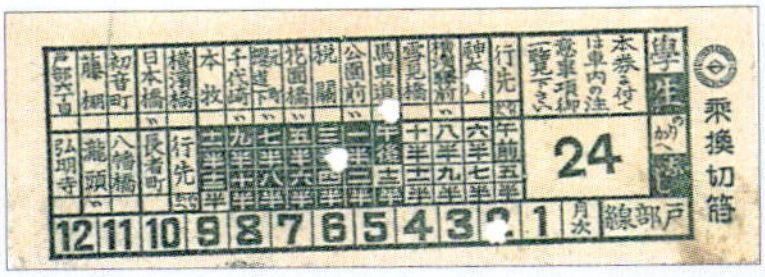

大正10年（1921）4月1日改正
乗換券　大正10年2月24日のもの

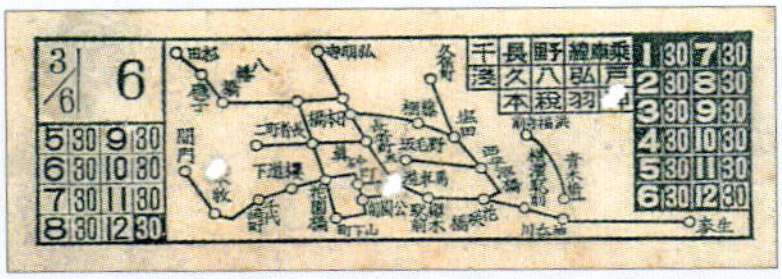

昭和3年5月29日改正　乗換券　昭和3年6月6日のもの

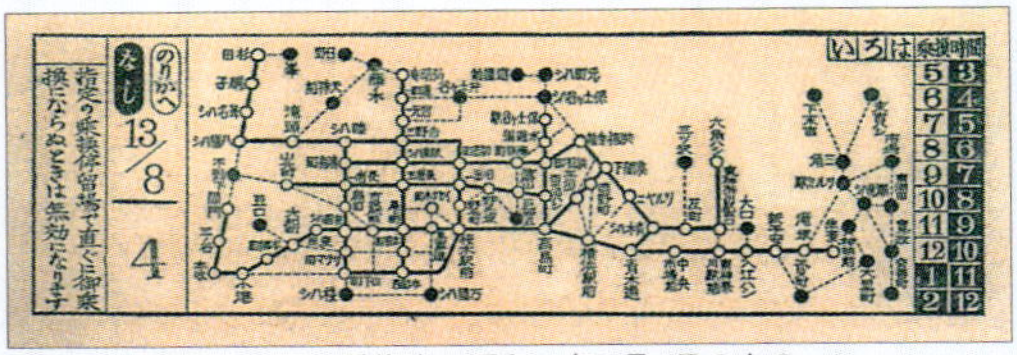

昭和13年8月4日改正　乗換券　昭和13年8月4日のもの

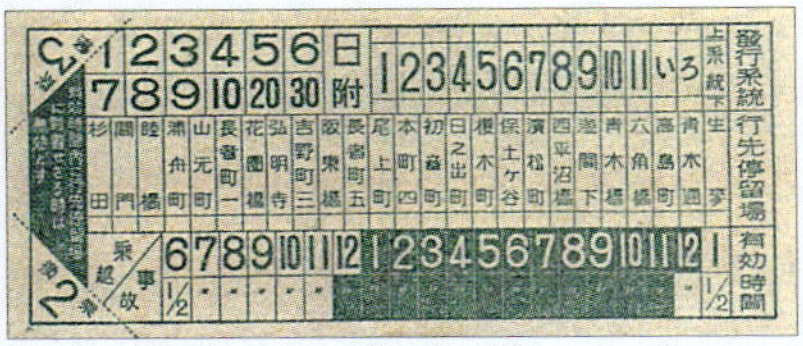

昭和17年3月1日改正　乗換券　市電から市電へ

記念乗車券

昭和15年11月10日発売　紀元二千六百年記念乗車券　7銭

昭和33年5月10日発売　横浜開港百年祭記念乗車券　往復25円

昭和36年6月1日発売　開港103年みなと祭記念乗車券　往復25円

昭和39年6月1日発売　開港106年みなと祭記念乗車券　15円

昭和47年3月1日発売　さようなら横浜市電記念乗車券　20円

乗継優待券

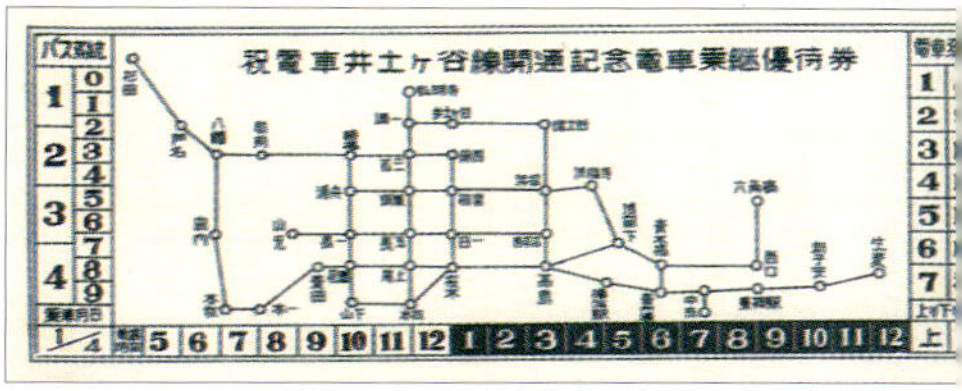

昭和31年4月1日発行　祝電車井土ケ谷線開通記念電車乗継優待券　市電から市電へ

交通調査票

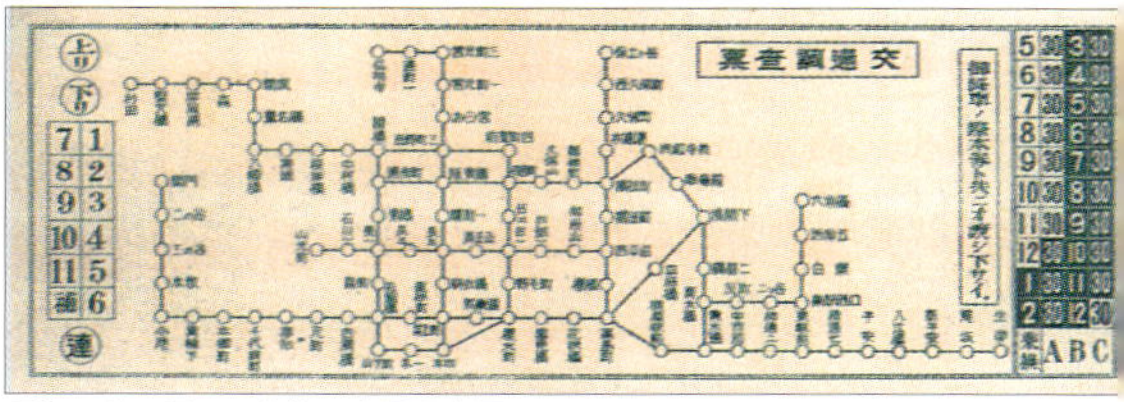

昭和14年11月9日実施　交通調査票

コレクションあれこれ

スタフ
運転手が持つ各電停の通過時刻表

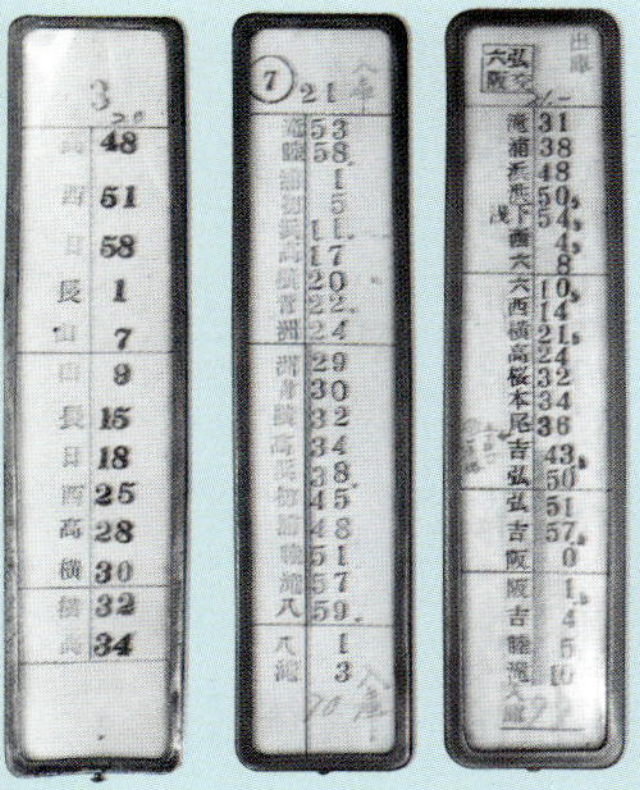

戦前の側方方向板。1系統用

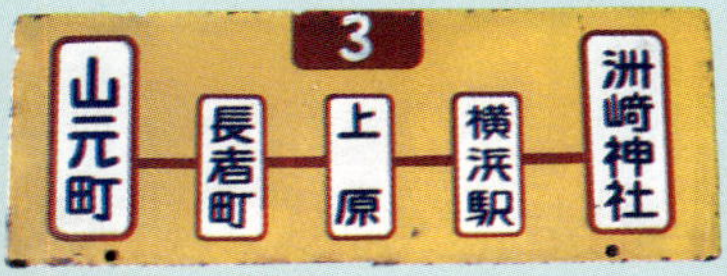

側方方向板。3系統用

英字なし・ゴシック書体の方向幕

英字入り・毛筆書体の方向幕
北方向は赤、西方向は白、南方向は青と、中心地より見た方角で色を区別した。よって北西は半分が赤でもう半分が白

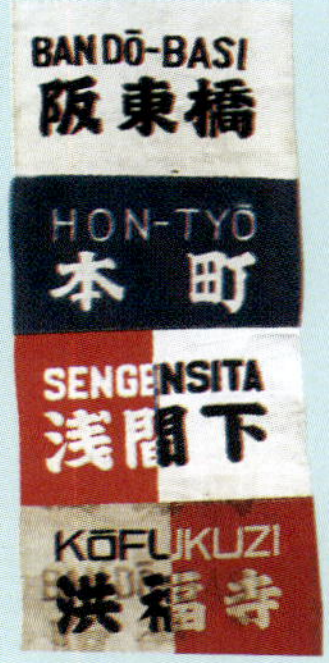

停留場標識

6系統の補充車用系統板。2つの穴空き。1150形と1500形のもの

6系統、2つの穴空き系統板。1150形と1500形用のもの

3系統の広告入り系統板

懐かしい馬車道の風景で、買物や食事で乗降りした市民が多かった。安全島のあんどん形の標識灯が懐かしい。11系統1319号。馬車道にて。昭和29年12月4日

カラーで映える 港町の市電とトロリーバス

戦後の混乱期を経て昭和20年代の末期頃にカラーフィルムが登場したのには驚いた。しかしこのフィルムは高価だったので、やたらに使えなかった。そのために数の少ないカラー写真の中から数枚を紹介しよう。

市電もトロリーバスも新車が登場した頃は手の込んだ塗装をしていた。その後、昭和30年代の後期あたりには街に自動車が多くなり、市電との接触事故が増加した。この対策として市電とトロリーバスは明るく目立つ黄色の車体に青帯を入れた塗装になった。そこには時代の要請で塗装の変遷があったことを感じて見ていただきたい。

昭和29年に局工場で作られた1171号と1172号は試験的にコーヒーブラウン色であったが、ほかの車両には波及されなかった。1171号。滝頭車庫にて。昭和29年12月13日

横浜が誇る優秀車の1500形に相応しい好感の持てる塗装だった。このスタイルで17年間、港街を走った。1503号。浦舟町にて。昭和30年4月5日

今ではバックの横浜ピカデリー劇場は高層マンションになり、その隣りのオデヲン座は建て替えてオデオンになった。3系統1308号。長者町五丁目にて。昭和31年5月8日

今でも同じスタイルで現存するのは開港記念横浜会館だけで、それに続くビルは高層なものが多くなった。8系統1011号。本町一丁目にて。昭和33年5月18日

昭和33年は開港 100 年で市内は賑わった。全ての市電には側面に大きな祝いのプレートが飾られた。1004 号。桜木町駅前にて。昭和33年5月18日

良く目立つ警戒色の黄色の塗装になった。アクセントとして入れた帯は横浜好みの青帯であった。5系統1320号。洪福寺前にて。昭和39年2月2日

市電の最後の廃止の時に走った装飾電車で悲しい姿だ。1512号。初音町にて。昭和47年3月31日／写真：三神康彦

トロリーバスが開通した時には、このような凝ったスタイルであった。渋い品格のある塗装だったが、やがて警戒色になった。111号。浅間町車庫にて。昭和34年7月20日

市電の最高の華 花電車

花電車は会社時代（横浜電気鉄道）から多くの慶祝行事の時に走った。慶祝行事は御大典、復興記念、日本貿易博覧会、開港記念、みなと祭など数多くあった。花電車は見るもので乗れないが、戦前には乗れるものも運転された。種車は全て無蓋貨車で、この日には泥を落し厚化粧して登場する。最後に走ったのは寂しい市電廃止の時で、これが見納めになった。花電車ではないが、昭和6、7、9年には納涼電車も走った。

安政6年（1859）に開港してから百年に当たる昭和33年の百年祭の時には6両の花電車が走った。花電車1号。滝頭車庫にて。昭和33年5月10日

市電廃止の時に走った花電車で、代表的な市電の1500形と、半年後にバトンタッチで走る地下鉄の1000形を描いていた。種車は貨車10号である。尾上町にて。昭和47年3月31日

種車はオープンデッキの36形や200形で、よしずを張り、提灯や風鈴を付けて杉田線を走った納涼電車。乗務するお姉さんたちも楽しそうだ。滝頭車庫にて。昭和9年7月10日

市電廃止の花電車の夜景で、3月25日から最終日まで走った。街では昔のような賑やかな見物風景は無く、寂しく別れを告げていた。上の写真の夜の姿。野毛山遊園地入口にて。昭和47年3月30日

小泉洋服店の角を走る会社時代の電車で、この洋服店は今の太陽生命関内ビルの所だ。36形38号。
羽衣町一丁目にて（横浜電気鉄道時代に出された記録写真帳である「新線路写真帳」より）

港街に彩りを添えた路面電車の足跡

横浜電気鉄道から市営に

先ず横浜地区の国鉄の古い歴史から話を始めよう。明治5年（1872）5月7日（新暦6月12日）に我が国で初めての鉄道が横浜〜品川間に開通した。この時には中間駅がなかった。その後の同年6月5日（新暦7月10日）に、これも我が国で初めての中間駅である神奈川駅と川崎駅が開業した。

横浜で最初の路面電車は明治37年（1904）7月15日に横浜電気鉄道が前述の神奈川駅前〜横浜駅前間を開通させたことであった。この横浜駅は後に駅名を改称したので今の桜木町駅である。この開通区間を一般的に神奈川〜大江橋間と記述している。軌間は1372㎜で東京と同じであり、この軌間は関東以北にしか見られない。

横浜電気鉄道は、その後に本牧、八幡橋《やわたばし》、弘明寺《ぐみょうじ》方面に路線を延長し、久保山線も開通させた。大正期になって会社は料金の値上げを申請したが、これに反対する大きな市民運動が起こってしまった。これが直接の原因で大正10年（1921）4月1日に横浜市が会社を買収し、ここに横浜市電が誕生した。今年（平成13年）は市電が誕生して80年になる。当時は横浜市電気局であった。

横浜市電を襲った大地震

市営になった2年後の大正12年（1923）9月1日に関東大地震が発生し、市内は民家をはじめ国鉄や市電も大きな被害を受けた。この震災復興は国鉄の路線の変更、道路の新設と移設に伴う市電の路線の移設があった。市電は保有車両の60％の85両が焼失した。この急場しのぎに登場したのが屋根の無い横浜アイディアの、通称バラック電車であった。新車は注文してもすぐに入荷しないので、東京市電、大阪市電、京王電気軌道などから車両の譲渡を受けた。市電の路線と車両の復興は昭和5年にはほとんど終り、新しい路線の開通、系統番号の採用、そして横浜では初のボギー車も登場した。

ここに横浜市電の基本的な形態が形成された。高島町にあった二代目の横浜駅は震災で焼失したので、三代目の同駅が昭和3年に現在地に移設され、この時に近くの神奈川駅は廃止された。

その後の約10年ほどは平穏な時代を迎え、その間にポールは2本から1本に改良、納涼電車の運転、女性

震災直後に走った屋根の無い急造のバラック電車73号（帝都復興事業大観より）

昭和9年から登場した女性車掌の冬姿
滝頭車庫にて。昭和9年10月1日

山元町の打越橋の下を走る市電500形。左は543号、右は546号。昭和3年頃（絵葉書）

車掌の採用、ロマンスカーの登場などがあってハマの市内に彩りを添えた。この頃の市電はクリームとグリーンの塗り分けにオレンジの太い帯を配し、車号を大きく書いたもので、ほかの都市では見られないオモチャのような感触であった。

戦時色とともに市電も変化

やがて昭和12年7月には日中戦争が起こり、だんだんと戦時色が濃くなって行った。昭和15年8月1日には市電も限られた設備で学生や工員を効率良く輸送するために急行運転が始まった。そして昭和16年12月8日には太平洋戦争に突入した。多くの男性は軍隊や工場での勤務を強いられたので、昭和18年10月には市電の車掌はすべて女性になった。翌19年には工員輸送のために陸軍の力を借りて、生麦～鶴見駅前間の鶴見線が開通した。開通時は単線であったが、すぐに複線になった。この頃の痛ましい姿は女性が慣れないハンドブレーキを操って運転する姿で、涙を誘われた。

戦争はだんだんと敗色を帯び、昭和20年5月29日には横浜の大空襲があった。この時に市電は保有車両の22％の45両が焼失した。この時に市電の三つの車庫は焼失を免れたのは不幸中の幸いであった。もう世相の推移は時間との戦いで、同年8月15日に終戦を迎えた。

終戦を経て１５００形が登場

終戦後の市民の足は市電だけになり、その市電は整備不良と車両不足で、ひどい混雑を極めた。昭和21年6月1日に横浜市電気局は横浜市交通局に改称された。その後は昭和25年までに８００形の増備車や３０００形（後の１３００形）、１４００形が作られ、集電装置は能率の悪いポールからビューゲルに改良された。この時点でやっと戦前のレベルに戻った感がした。

しかし寂しいことに空襲で破損した鶴見線は復旧されず、この線は僅か10ケ月の運命であった。昭和26年には横浜が誇る優秀な１５００形が登場した。

その後、昭和29年から3年間は保土ケ谷線、根岸線、井土ケ谷線と相次いで新しい路線が開通し、営業距離は51・79㎞で最盛期を迎え、循環運転も開始された。

昭和34年にはトロリーバスも開通し、市営交通は再び彩られた。

自動車に圧されて廃止へ

しかし花の命は短くて繁盛期は永くは続かず、その伏兵は自動車であった。この時代は好景気とマイカーの普及で街中に自動車が氾濫した。市電とトロリーバスは正常な運行が困難なために客離れを生じ、交通局は深刻な苦境に立った。

昭和41年度に交通局は市営交通の再建計画を発表した。それによると市電とトロリーバスは昭和49年度までに廃止し、それに代わる地下鉄を建設することになった。しかし翌年度に、この計画の内容は短縮されて昭和46年度までに廃止することに修正された。そして

横浜で初のトロリーバスの開通の時の半井市長による発車式のテープカット。浅間町車庫前にて。昭和34年7月16日

最初に路線が廃止されたのは昭和41年8月1日の生麦線と中央市場線であった。翌年12月18日には経費の節約のためにワンマンカーが登場し、部分廃止が続いた。昭和46年3月21日の長者町線の廃止の時に永い間、親しんだ車掌が姿を消し、市電は47両のワンマンカーだけになった。ここに昭和47年4月1日の最後の九回目の部分廃止によって市電の活躍は永遠に見られなくなってしまった。

翌年の8月には横浜市電保存館が開館し、ここには動かぬ7両の市電が保存された。市電とトロリーバスが廃止された年の12月に待望の地下鉄が開通するまで、交通局は約9ケ月の間は電車を所有していなかった。

早いもので市電とトロリーバスが廃止されて約30年の歳月が流れた。それに乗った感触を持っている人は人生の前半を過ごした人たちだけになった。今でも市電の名残りを残しているのは、全国でも珍らしい永い麦田町のトンネル(現在、自動車の下り専用で使用)だけになってしまった。また、都電と大阪・神戸市電には電車唱歌があったが、横浜にはなかったのは寂しい。

昨今では環境に優しい電車が話題になっているが、市電が廃止された都市では無縁のものである。市電が便利な市民の足となっていた時代と昨今では街並みも大きく変化した。

市電の側面に付けた廃止のお知らせ板。1501号。尾上町にて。昭和47年3月31日

最終日の最後に走る内廻りのトロリーバスの乗務員に鉄道友の会からの花束贈呈。111号。横浜駅西口にて。昭和47年3月31日

最終日に多くの市民に見送られて桜木町駅前を出発する市電。1501号。桜木町駅前にて。昭和47年3月31日

生麦
←滝
坂
◆なまむぎ

鶴見線は一年の短命だった

生麦線廃止の最後の日に生麦に向かう装飾電車の1150形。昭和41年7月31日

ＪＲ貨物高島線の鉄橋の左端奥にある高いビルは市電旧生麦車庫の跡地に建った市営住宅で、その左の建物は東京電力・綱島総合制御所である。平成12年7月8日

生麦の地名は文久2年（1862）8月21日に起きた生麦事件で有名だ。ほかに有名(?)なのは早口ことばの「なまむぎ、なまごめ、なまたまご」だろう。この辺りは古くは生麦村で漁場であった。

市電が金港橋《きんこうばし》から生麦まで開通したのは昭和3年6月1日であった。この金港橋は今の横浜駅前の少し北の地点である。この線が開通した頃は子安線と言った。生麦には営業所と車庫が作られて市電では重要な拠点であった。ここから発車する市電は本牧、弘明寺《ぐみょうじ》、山元町《やまもとちょう》へ向かうものであった。

この生麦の終点付近にはＪＲ貨物の高島線の築堤と、国道15号を跨ぐ鉄橋がある。この高島線は大正6年（1917）6月17日に鶴見と高島間が開通した。今でも石油を積んだタンク車を連結した貨物列車が走っている。この鉄橋の手前の脇には殺風景な変電所があり現存している。名称は東京電力の綱島総合制御所だ。

生麦事件の碑

市電廃止の4ケ月前の生麦営業所にはバスも同居していた。1316号。昭和41年3月16日

市営住宅の一階は市営バスの鶴見営業所で階上は住宅なので、全体がバスと人との収容器のようなものになった。平成12年7月8日

戦前の昭和19年8月10日には工員輸送のために陸軍の力を借りて建設した鶴見線が生麦から鶴見駅前まで開通した。しかしこの線は短命で、1年後の空襲で破壊されてしまった。戦後は駐留軍の命令で軌道の上を舗装したので、道路はカマボコのように中央が高いものになってしまった。今では軌道を撤去して修理したので良くなった。

また市電は事業の再建計画に沿って部分的に廃止された。横浜市電で最初に廃止されたのは、生麦と洲崎神社前の間で昭和41年8月1日であった。また市電の線名は時期と事情によって変化する。この線は建設された頃は子安線、その後に神奈川線となり、この廃止では生麦線と呼ばれた。

この生麦線の廃止によって市電の生麦営業所と車庫は廃止された。今では高層の市営住宅になり、その下はバスの営業所と車庫が作られた。この時にバスの営業所は鶴見営業所と改称された。

この高層ビルはこの付近では大きなシンボルになった。ここの道路の反対側には明治16年（1883）に建立された生麦事件の碑が現存する。

新子安

←滝坂　←末広橋

◈しんこやす

駅名の話題が多い新子安

ここはJR新子安駅から国道15号へ出た右側で、写っているのは生麦行きの戦後に増備された713号。昭和26年11月11日

この高層住宅のビルはJR新子安駅の北側に建っている。国道15号のこの付近は今でも商店が居座り、昔の面影を残している。平成12年7月8日

ＪＲの新子安駅と京急新子安駅の海側の国道上に市電の新子安の電停があった。戦前の昭和18年11月1日には国鉄の中央本線の万世橋駅が休止され、同時に工員輸送のために新子安駅が開業した。この開業によって既存の京急の新子安駅は京浜新子安駅と駅名を改称（現在は京急新子安駅）した。これと同じことが小田急相模原駅でも発生している。当時は官制が幅を利かしていた事例である。

この近くには国鉄の貨物駅の入江《いりえ》駅があったが今では廃止され、その後に旧駅舎は新興《しんこう》駅となった。またここには鉄道の踏切りの解消のために恵比須町《えびすちょう》へ通じる高架の道路が走っている。

さて市電の電停付近で目立ったものは横浜興信銀行であったが、今では横浜銀行となって道路の奥に移設している。今でも姿を残しているのは岩崎食料品店で、立派な鬼瓦が付いた。その背後は駅に近いためか高層住宅のビルが建ち、都会の谷間を思わせる風貌になってしまった。やがてここの国道15号もゆっくりと様変りするだろう。

入江橋

末広橋
子安

いりえばし

走る市電の前方には富士山が見えた

市電は生麦行きの2系統の1151号。昭和41年2月20日／写真：田口 博

今の風景は京急の築堤も連立する鉄柱も見られない。道路上の遠景は横断歩道橋の下から覗くようになってしまった。平成12年7月8日

この電停は入江川に架かる入江橋と横浜駅寄りの道路の交差点の所にあった。ここは綱島街道と国道15号がT字形に合流している所だ。ここでは僅かの距離ではあるが、北側からJR、京急、市電と3線が接近して並行に走っていたので目を楽しませてくれたのが印象に残る。また、この電停から西を見ると晴れた日には遠くに富士山が眺められた。もう今ではこれは無理だろう。

空襲の時には入江町から七島町辺りにかけては幸にも災害を免れた。この辺りは商店がまばらな住宅地で人の往来は少なく寂しい所であった。今では商店の建て替えが進み、京急の架線用の高い鉄柱は見られなくなってしまった。また交差点には横断歩道橋が作られて街路の風景は変身した。市電の軌道が無くなり、横断歩道橋が作られると道路が広く感じられる。角にあった建築資材の販売店は今でも健在だった。

左側に見えるひときわ高いビルはJRの新子安駅北側のマンションだ。道路の先の緩い登り坂になっている所が入江橋である。

東神奈川駅前

神奈川通七丁目
神奈川通二丁目

◈ひがしかながわえきまえ

国鉄線との唯一の平面交差

戦後20年たっても焼け跡の復興が進展しなかった風景がひろがる。1314号。昭和41年3月13日

生麦方面を望んだ写真で、これが定点の風景かと驚くほどの変貌ぶりだ。道路の中央の滑り台のようなものは首都高速道路への進入路。平成12年7月9日

東神奈川駅前と言っても駅から離れた所だ。ここは国鉄の東神奈川駅から分岐した貨物線が海神奈川と東高島とに走る時に国道を横断する地点だ。今ではこの貨物線は廃線になったが、近くの京急の仲木戸《なかきど》駅のホームの下には遺跡が見られる。

　この横断は市電としては唯一の国鉄線との平面交差であった。市電がこの交差点を通過する時には異様なリズム音が聞かれたのは、双方の軌間の幅が異なるためであった。ここの市電の廃止の頃のポイントは、国鉄線のレールには切れ目が無いものになっていたが理由は不明だ。そのために市電は国鉄線のレールを乗り上げて通過したので市電の車輪のフランジは傷んだことだろう。

　市電が開通した時の電停名は十番町であったが、今のバス停の名称は東神奈川駅入口になっている。

　この付近は空襲で罹災した一帯で戦後の復興はひどく遅れ、北へ緩いSカーブで続く国道は子安付近までも見渡せた。今では道路の両側は自動車販売などのビルが建ち、中央には首都高速道路へ入る登りの道路も完成して風貌は一変した。

神奈川通二丁目

←東神奈川駅前
←神奈川会館前

◈かながわどおりにちょうめ

街では警察署だけが健在

この線の最終日の表情。山元町行きの1310号。昭和41年7月31日／写真：三神康彦

生麦方面を望むと高速道路橋が覆って見通しはゼロになってしまった。道路の反対側は縁の無い対岸のような感じだ。平成12年7月9日

この神奈川町と青木町からなる一帯は昔は神奈川宿のあった所で、古くは武蔵国《むさしのくに》神奈河郷と言った。昭和7年に神奈川町を廃止して神奈川通が生まれたが、今では神奈川となった。近くに神奈川台場跡がある。

この付近は町工場、そして小さな商店や住宅が並び、寂しい通過点と言った所であった。目立つ建物は古くから存在する神奈川警察署であった。

この電停は利用客が少なかったので急行運転の時には無停車であった。市電の神奈川線（廃止の時は生麦線）は赤字路線で、日中の利用客が少なかったため最初の路線廃止となった。その後を走る代替えバスの86系統も利用客が少ないので運転の本数が少ない。ここの古い電停名は「仲ノ町」であったが、昭和7年1月1日に神奈川通二丁目に改称された。

今では国道の南側は整理して道路は拡幅されたが、道路の中央の上を高架式の高速道路が走って両側の風景は全く遮断されてしまった。良く見渡すと古い建物は神奈川警察署だけと言っても過言ではなくなった。

神奈川会館前

神奈川通二丁目
中央市場
洲崎神社前

◆かながわかいかんまえ

市電と共に神奈川会館も消えてしまった

右への分岐は中央市場線。市電は2系統の536号。昭和41年7月24日

生麦方面を望む風景は高速道路橋で道路の全容は見えない。左のビルは神奈川警察署付近の連立するビルの姿である。平成12年7月9日

神奈川線が開通した時の電停名は滝の町であった。昭和6年2月に近くに中央卸売市場が開設されたので、翌年1月1日に中央市場前に改称された。そしてさらに昭和24年3月15日に、ここから分岐して走る中央市場線が開通した時に神奈川会館前に改称されている。

ここは永い間、浦島町から来る7系統の終点であったので、折り返し用のポイントがあった。この電停の下り線の安全島の手前には野毛坂の電停と同じように赤レンガの敷石を使用していたが、理由は判らない。

ここの生麦寄りの近くの国道の下を滝野川が流れている。電停の脇には古くから街並みの推移を見詰めて来た幸ケ谷《こうがや》小学校が今でも健在だ。反対の角の横浜銀行も営業を続けている。ここの神奈川公園の角の神奈川会館は目立った建物だったが、取り壊されてしまった。この付近も高架式の高速道路が走り、昼でも暗くなってしまった。神奈川公園の緑と神奈川会館をバックに走る市電をよく写したが、過去の帰らぬ光景になってしまった。

洲崎神社前

神奈川会館前

青木通

◈すさきじんじゃまえ

昔の繁華街の陰影も無い

ここが終点の時の風景で公園の先のビルが見える。1300形。昭和44年9月28日

左の住宅は健在だった。高いビルと横に走る二本の高速道路橋とが交差している。樹木は成長したが、それ以上に近代化が進んでしまった。平成12年7月9日

前述の神奈川会館前の電停から横浜駅方面へ進むと国道15号は大きく右折する。この右折の少し手前で同じく右折する道路がある。この道路が旧街道の道筋の跡だ。この辺りは東海道の宿場の神奈川宿のあった所で、近くには開港場があったので多くの豪商が軒を連ねて繁盛していた。この開港場があった関係で、当時はこの付近の寺院に外国の領事館が多く設置されていた。権現山の麓には古くから洲崎神社があって盛大な祭りが有名だった。

ここの電停は開通の時は宮ノ前であったが、昭和3年8月7日に洲崎神社前に改称された。そして近くに神奈川区役所が移転して来たので昭和25年6月21日に神奈川区役所前になったが、さらに区役所の再度の移転で電停名は元の洲崎神社前になった。生麦線と中央市場線の廃止によって、この電停が3系統と7系統の終点になったが短命であった。

ここが市電の終点であった頃は神奈川公園の緑が見られたが、今ではビルと高速道路橋が作られ緑は橋の下に僅かに望むだけになってしまった。この国道の北側を並行に走る旧道は商店街で賑やかだ。

青木通

洲崎神社前 ← → 横浜駅前

◈あおきどおり

横断歩道が無い交差点

のんびり走る市電は7系統の八幡橋行き1324号。昭和44年9月27日／写真：三神康彦

すっかり高層なビルに囲まれてしまった。前方に見えるビルは全てマンションばかりだ。道路を横断するにはこの歩道橋しか無い。平成12年7月15日

市電の前身である横浜電気鉄道が初めて開通した時の神奈川の電停は国鉄の神奈川駅前にあった。その後に国道15号上へ移設された。ここは電停名の改称が激しく、神奈川が青木通に、これが神奈川区役所前に、さらに元の青木通と変化している。これは前述の洲崎神社前と関連がある区役所の移転によるものである。

ここは神奈川線と六角橋線が分岐する所であった。次の横浜駅前とは距離が長いので、車掌は一息入れられる所だった。近くには神奈川区役所と丸十家具センターなどのビルが少しあっただけであった。今では横浜駅が近いために各種の企業や予備校などが入った高いビルやマンションが多くなって景観はすっかり変ってしまった。

交差点の箇所は道路がY字形になっているのと車の通行量が多いので、信号の転換が遅い。そのために、ここは歩行者のためには横断歩道橋しかないので不便な所になっている。

市電が走っていた頃は、電停前のガラス販売店では家族が出て安全島付近を掃除していたのが今でも印象に残っている。

神奈川

←月見橋

◈かながわ

ここが市電の前身の発祥の地

左の建物が国鉄の神奈川駅で、停車している電車は5形26号（絵葉書）

この風景を見ると、ここが旧神奈川駅の跡地とは想像もできない。駅前の料理店などがあった広場は道路になってしまった。平成12年9月2日

明治5年（1872）5月7日に品川と横浜の間に日本で最初の鉄道が開通したが、その時は中間駅が無かった。6月5日に中間駅として川崎駅と神奈川駅が開業した。この国鉄の神奈川駅前から大江橋まで市電の前身である横浜電気鉄道が明治37年（1904）7月15日に開通した。ここが市電の発祥の地であった。

その後の昭和3年に三代目の横浜駅が現在地に開設された時に、この神奈川駅は廃止された。この時に市電の神奈川の電停は国道15号の方に移設されて青木通と言う名称になった。

神奈川駅の東側には現京急の、北側には現東急東横線のそれぞれ終着駅があった。そのためか、駅前には大きな西洋料理店などがあって賑わった。

この神奈川駅の位置は、今の横浜駅と青木橋との中間の東側になる。その遺跡は今でも残り、京急の線路の敷地が膨らみ、それに沿う道路が湾曲している所だ。

今ではここの脇を各社の電車が激しく走り、当時の面影は想像もできない。この鉄道敷地の膨らみの箇所に旧神奈川駅の跡地の碑がほしいと思う昨今である。

横浜駅前

←高島駅前　青木通→

◈よこはまえきまえ

大時計と共に市電も消えた

広い駅前の風景は懐かしい。市電は3系統の1304号。昭和46年1月15日

覗くのは嫌いなのだが、高速道路橋の下から覗くように駅ビルの一部を写した。道路橋は補修中だった。平成12年7月23日

ここの電停の古い名称は金港橋《きんこうばし》であった。昭和3年10月15日に国鉄の三代目の横浜駅が現在地に開業し、その後に電停名は横浜駅前に改称された。新駅が開業しても、それに伴う鉄道の線路の付け替えが大変で、立派な駅前広場が完成するのはずっと後であった。この完成によって横浜の玄関口の顔が出現した。

駅舎正面の上には大きな時計があったので、駅を利用した多くの人びとは印象が残っているはずだ。今の駅舎は駅ビルになったが、かつての古い時計は横浜市電保存館に今でも保存されている。

市電の横浜駅前と洲崎神社前間が廃止された後は、ここが3系統の終点になった。この3系統は昭和46年3月21日に廃止されて、同駅前から市電が永久に姿を消してしまった。

国道の反対側には古くから新興クラブの低いビルがあったが、今ではそこに横浜そごうが入る横浜新都市ビルと隣にスカイビルが作られた。また国道15号上には高架の高速道路橋が作られて視界は塞がれ、景色を眺めるにはこれらのビルの階上からになってしまった。

高島駅前

←横浜駅前
←高島町

◈たかしまえきまえ

今は停留場も駅も無く

市電の後ろの広場が高島駅で、市電は改番された3系統の537号。昭和24年8月7日

定点撮影は高速道路橋の下からになり、遠くに大野町、栄町方面のポートサイド地区の高層ビルが見える。平成12年7月23日

国鉄の高島駅の前身は大正2年（1913）6月2日に開業した高島荷扱所で、同4年12月30日に高島駅（貨物駅）になった。この年に同駅の隣に初代横浜駅（現桜木町駅）にあった機関区が移転した。名称は高島機関区であったが、後に横浜機関区に改称された。

さてここの電停名は近くの橋の名をとって築地橋と言ったが、昭和11年に高島駅前に改称された。ここは道路の片方は貨物駅と機関区で、住宅は反対の側しかないので乗客の乗り降りがほとんど無く、急行運転の時には無停車であった。空襲によって急行運転は消滅したので、この電停も自然消滅した。

市電の新車の到着や車両の大きな改造でメーカーへの搬出と到着などは高島駅を使用した。800形や1300形の到着を見たのは想い出に残っている。空襲の時には市電の2603号が機関区の前で焼失していた。この駅と機関区は昭和61年11月1日に廃止された。今では道路上は高速道路橋が覆い、北側は日産自動車と東京電力があるが、南側の駅と機関区の跡は広い荒地が続いている。バス停も存在しない。

高島町
←高島駅前
←花咲橋

◆たかしまちょう ①

横浜駅前の時代は短命だった

二代目横浜駅前を走る36形67号（絵葉書）

国鉄の路線が横浜から国府津《こうづ》まで延長された時には列車は横浜駅でスイッチバックをしていた。これを解消するために大正4年（1915）8月15日に高島町に二代目の横浜駅が開業した。その時に従来の横浜駅は桜木町駅に改称された。

この時には交番は鉄橋の近くにあった。走る市電は1系統の717号。昭和28年9月6日

鉄橋の上には横浜駅周辺のビルが顔を出している。写っている東急東横線の電車もやがて見られなくなる。平成12年7月23日

今の高島町の交差点には交番、その隣りには小公園、その奥には専門学校があるが、この位置に同駅があった。この駅舎は短命で、8年後の関東大震災で焼失したので三代目の横浜駅が現在地に建設された。

会社時代（横浜電気鉄道）の市電は国鉄線の東側の海岸を走っていたが、国鉄線のガード下を通って高島町の交差点に入るようになったのは昭和5年であった。

当時のここでの大きな建造物は国鉄と東急の鉄橋だけであったが、今では横浜駅方面の高いビルが視界に入る。やがてMM21線が開通すると東急の高島町駅と鉄橋は姿を消すことになる。

花咲橋

←高島町　←雪見橋

◆はなさきばし

ここがスイッチバックの跡地だ

国鉄の高架線をアンダークロスする風景で左に二代目の横浜駅が見える（絵葉書）

アンダークロスの部分は塞がれた。高架線脇の歩道上も高架化され東急東横線が複線化された。遠くに横浜駅周辺のビルが見える。平成12年7月23日

高島町の位置に二代目の横浜駅が開業した後は、同駅と桜木町駅との短い距離は蒸気列車が往復運転をしていた。その4ケ月後に国電は山側に単線の仮線を使って桜木町まで運転が延長された。この時点で会社時代の市電は花咲橋の位置で海岸側から建設中の高架線をくぐり、北の山側へ抜けるようになった。

さらに2年後の大正7年（1918）に国鉄の高架線が完成したので、市電はアンダークロスの形態になった。その後に横浜駅前まで来ていた市電は花咲橋まで延長された。その後、交差点は高島町に移行したのでアンダークロスは消滅したが、その時の鉄橋の、彫刻の施された石作りの橋台は今でも存在して面影を残している。

前述の国鉄のスイッチバックをしていた位置はこの電停付近であった。電停名は西側にあった花咲橋を使い、急行運転の時には無停車であった。

道路の東側は殺風景なコンクリートの高架線が続き、西側には目立つ建物は無かった。今では西側を並行に走る桜川新道には竹中工務店と神奈川新聞社が入った高いビルがあり、遠くには横浜駅付近のビルが望まれる。

電停名は橋が無くても雪見橋

雪見橋
←紅葉坂　←花咲橋

◆ゆきみばし

高架線の東側には高い建物は見当たらない。市電は1330号。昭和24年9月4日

見た感じでは高架線は良いスタイルになった。それにも増して後の「みなとみらい21地区」の高層ビルの林立には驚くばかりである。平成12年7月23日

この道路の西側には並行して桜木川が流れていたが、後に名称は桜川となった。この川は石崎川と大岡川とを横に結ぶ運河的なものだった。昔は運河を作って船で荷物を運搬したので、川岸には材木店、石材店、穀物店、燃料店などが多かった。

今では桜川は埋め立てられ、そこに桜川新道が誕生した。この下を市営地下鉄が走っている。この桜川に架かっていた橋が北の方から花咲橋、雪見橋、紅葉橋、緑橋であったので橋の名称が電停名に使われた。今でも、橋が無いのに花咲橋と雪見橋はバス停名で残っている。

この道路の東側にはＪＲ根岸線と東急東横線が走る高架線がある。これが作られた時は国電だけが走っていた。その後に東横線の単線が開通し、さらに複線になった。やがてＭＭ21線の開通で東横線は姿を消すことになる。

この万里の長城のような高架線は市街を二分していたが、最近は造船所などがあった東側は、「みなとみらい21地区」（ＭＭ21地区）とされて大きく発展した。高架線の東側にはランドマークタワーをはじめ高いビルが林立し目を見張る風景になった。

紅葉坂

桜木町駅前 ← 紅葉坂 → 雪見橋

◆もみじざか

紅葉が無くても紅葉坂

高島町方面を望んだもので高いビルは見当たらない。604号。昭和24年8月5日

ここは駅に近いためか、今では企業の高層ビルが建ち並び屏風が出現したようだ。平成12年7月23日

ここの西側には伊勢山と掃部山《かもんやま》が迫っていて、急な紅葉坂が目に入る。西側の掃部山は古くは不動山と言われ、その後に鉄道院の所有地であったために鉄道山とも言われていた。ここの東側の崖下には今も泉があって、その吹き出し口は石作りで立派だ。桜木町駅が初代の横浜駅であった頃は、この泉から沸く水を蒸気機関車に使用したと伝えられている。

ここの山の上には桜の名所の掃部山公園、伊勢山皇大神宮、能楽堂、県立の図書館、音楽堂、青少年センターなどがあって文教地区になっている。

この路線の電停名は北から橋の名を使ったものが続き、ここも古くは紅葉橋であったが紅葉坂に改称されている。前述の通りに桜川は埋め立てられたが、ここは山が道路に迫っているので桜川新道を跨ぐ紅葉橋は今でも存在する。その下は川ではなく車が流れている。最近、橋は改修されて美しくなった。この電停の桜木町駅寄りの高架線の上で、昭和26年に国電が焼失した桜木町事件が発生した。

この付近の道路の西側は今では各種の企業が入った高いビルが並び変貌ぶりに驚くばかりである。

桜木町駅前

本町四丁目　馬車道　←　→　紅葉坂　野毛大通

◆さくらぎちょうえきまえ

発祥の地が廃止の地となった

初代横浜駅前を走る105形（絵葉書）

三角ファサードの駅舎の姿はもう見られない。2系統の1002号。昭和45年6月14日

駅舎は高架線の下に移設された。鉄道発祥の記念碑は樹木の中に隠れてしまった。後方の中央にはランドマークタワーの下半分が写っている。平成12年7月23日

前述の神奈川の所で述べたように市電の前身の横浜電気鉄道が初めて開通したのは神奈川と大江橋の間であった。この大江橋は初代の横浜駅前である。国鉄と同じ場所が発祥の地であるのは偶然である。この初代の横浜駅は大正４年（１９１５）に桜木町駅に改称された。市電の部分廃止で最後に廃止されたのは桜木町駅前であったのは、これも偶然であった。

会社時代の電車は国鉄線の東側の海岸を走っていたが、やがて同線の西側に線路を移設した。

初代新橋駅（旧汐留駅）と共にアメリカ人のブリジェンスの設計による初代の横浜駅は震災で焼失し、その後に三角屋根の桜木町駅が生まれた。さらに根岸線が開通し、今では同駅は高架下に移設されて駅舎は無い。

旧駅舎付近は樹木が茂り、その中にひっそりと鉄道発祥の地の碑が建つ寂しいものになってしまった。視界には高層ビルの林立が大きく入り立体的になった。

高島町方面を写したもので左に旧農工銀行のビルが見える。1514号。昭和45年6月30日

桜木町駅前は道路のT字形の交差が二ケ所あったので、電停は三ケ所に分れていて複雑だった。同駅の西側の電停は通過する系統が多く主要な存在だった。戦前はここを通過するのは1、2、4、5、6、8系統であったが、戦後の最盛期にはさらに12、16、18、23、26系統も加わって多彩を極めた。

昭和26年に日の出町線の6系統が高島町方面に走ることになり、交差点には渡り線が作られ三差路となった。またこの電停の紅葉坂側に折り返しのポイントが作られた。これによって本牧方面へ行く補充車はここで折り返しをするようになり、日の出町一丁目で折り返した日本一(?)の市電の運転(100頁参照)は見られなくなった。ここの電停は利用客が多いので安全島は降車用と乗車用の二ケ所があった。

電停の西側には古くは石炭の倉庫があった。戦後はパチンコ店があったが、今ではゴールデンセンターを改称した「ぴおシティ」が建っている。その地下に市営地下鉄の桜木町駅がある。

この交差点の角には古くは屋根がドーム形の農工銀行があった。その隣に横浜市医師会のビルがあり、その一階は電気局のバスの車庫になっていた。今では共に消滅し、そこには横浜市健康福祉総合センターの大きなビルが建っている。その先は高島町方面にかけてはビルが並び、右側の高架線とは良い対照になっている。

ここの交差点は車の往来が激しいので四方を結ぶ歩行者用地下道の「野毛ちかみち」が完成し、利用者が多い。

ビルが多くなって谷間の様相を呈して来た。この交差点の広場の下が「野毛ちかみち」の地下通路になっている。平成12年7月23日

まだJR根岸線の鉄橋が無い時の風景。市電は4系統の1166号。昭和31年5月20日

桜木町駅前から市電が南方の西の橋まで延長されたのは明治38年(1905)7月24日だった。延長した時は大岡川に架かる大江橋はあったが、橋は貧弱で電車は渡れなかった。そのために大江橋の川下に電車専用の橋を作って渡っていた。当時の駿河橋や西の橋なども同じように電車は専用橋を渡っていた。

◈　◈　◈

その後に大江橋は山下公園の先の山下橋に転用されて、新しい大江橋が完成し、そこを市電が渡るようになった。その時の橋の親柱の上には羽を広げた鳥が飾られていたのが印象に残る。今の大江橋は市電廃止後の昭和48年10月に完成している。

鉄橋があると圧迫された感じになる。橋の奥のビルはテナントが変った。大江橋の左右にもビルが建った。平成12年7月23日

市電の路線で駅の正面から大江橋の方へ曲がる渡り線の廃線が長く存続していた。これは昭和4年に9系統が間門《まかど》と弘明寺との間を走った名残りだった。

国鉄の根岸線が桜木町から磯子まで開通したのは昭和39年であった。開通前は横浜と桜木町間は東海道本線の枝線であったが、この日から横浜を起点とする根岸線が誕生した。同線の桜木町駅前の大江橋上のアーチ形の鉄橋を架ける時には、ここを通る市電は運行を中断して弁天橋の方を迂回させて作業をした。

この鉄橋の無い頃は左に読売新聞のビルと遠くに野村証券と朝日新聞のビルが大きく視界に入ったが、今では探すようになってしまった。この大江橋の下を高速道路が、そしてその下を市営地下鉄が走っている。

市電の戦災車調査

横浜は数回の空襲があったが、最も大きかったのは昭和20年5月29日のものであった。この日の市電の被害は大きく在籍車両202両の内、45両が焼失した。車庫は焼失を免れたので、焼失は全て道路上であった。オープンデッキの200形の20両は無傷だったのは偶然であった。幸なことに拙宅は被害に遭わなかったが、愛する市電が心配だった。今なら電気局（現交通局）へ照会すれば教えてくれるだろうが、「鉄道も兵器だ」と言われていた戦時中なので問い合わせは不可だった。空襲の翌日に自転車で市内を調査した。木造車は車体の鉄骨と台車しか残っていないので車号は判明しない。その当時、金属の車号を付けていたのは1100形と2600形だけであった。三の谷の電停では550、557、1016号の3両が焼失していた。当時は憲兵や特高、警官などが鋭い目で警戒していた時代でスパイ視されると大変で、親まで調査されたものだった。そのために焼失車両を調査すると、現場から離れて手帳に書き入れる神経の使いようだった。帰宅してからノートに見取り図を描いた。その時の古びたノートが健在で、裏に80頁、28銭という印刷があって当時を物語っている。45両の焼失車の内、確認できたのは18両であった。ここにその時のノートの見取り図の一部と調査の結果を紹介する。

車号の判明した戦災車一覧表

形式	車号	焼失場所	上下線の区別
300	366	藤棚町	下り線
	370	高島駅前	〃
400	418	横浜駅前～高島駅前間	〃
500	510	青木橋～鶴屋町二丁目間	〃
	519	阪東橋（久保山線）	〃
	523	中央市場前　引込線	
	525	上原	上り線
	537	青木通	下り線
	540	長者町五丁目（長者町線）	〃
	541	紅葉坂	上り線
	550	三の谷	下り線
	557	〃	〃
1000	1002	長者町五丁目（羽衣町線）	上り線
	1009	高島町～桜橋間	〃
	1013	長者町五丁目（羽衣町線）	〃
	1016	三の谷	〃
1100	1100	横浜橋～阪東橋間	下り線
2600	2603	高島駅前～高島町間	上り線

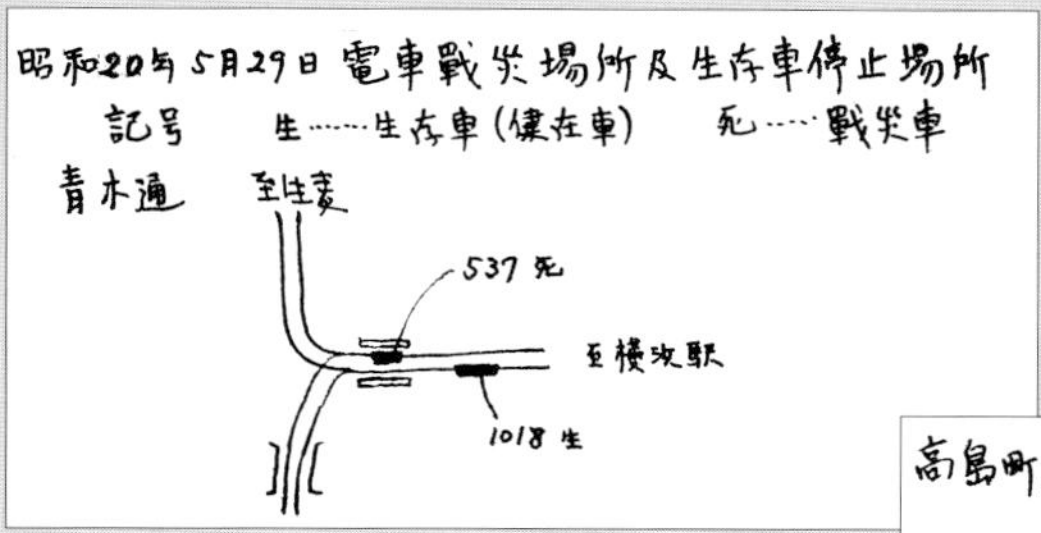

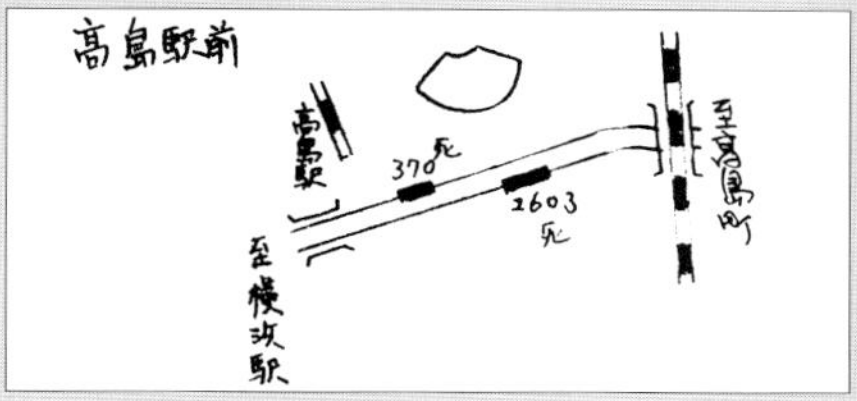

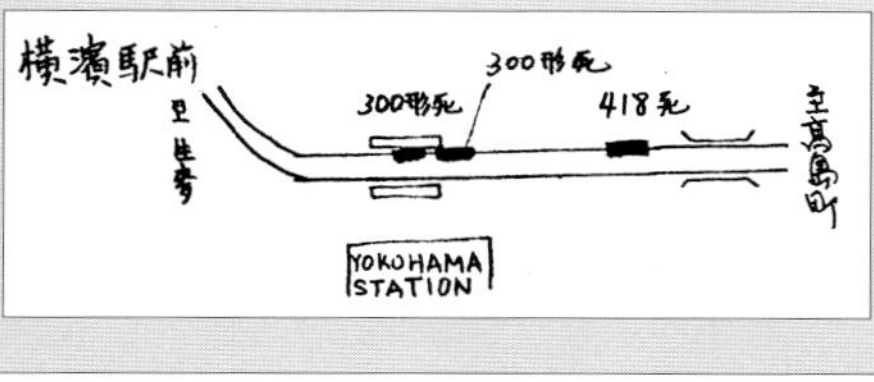

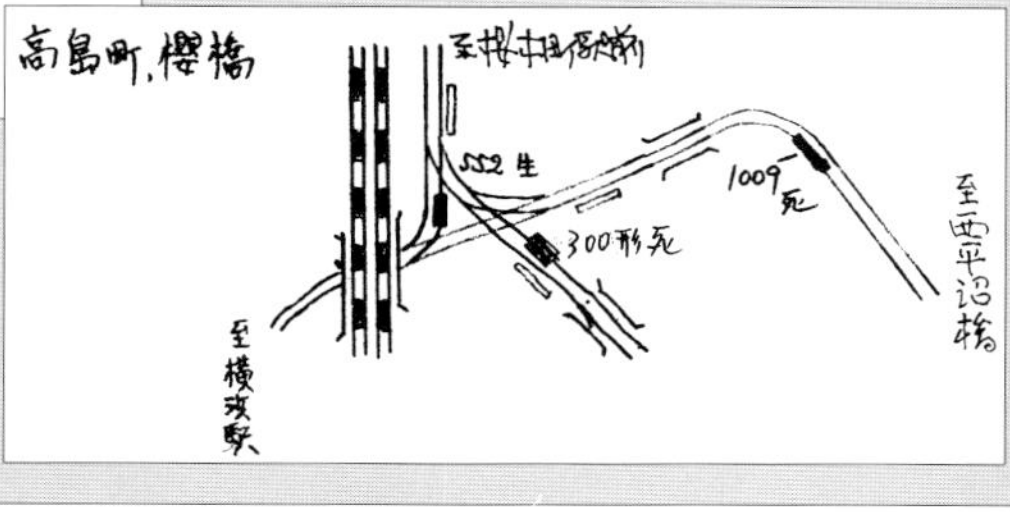

馬車道

桜木町駅前
尾上町

◆ばしゃみち

馬車と市電は無く地下鉄が走る

単線区間の馬車道通りを走る風景で珍らしい。左右には意匠を凝らした看板が多い（絵葉書）

おなじみの近代化した馬車道の風景だ。県立博物館の円形の屋根は探すようになってしまった。ここがアイスクリームの発祥の地とは驚きである。平成12年7月29日

馬車道は慶応3年（1867）に完成した。ここをコブ馬車会社の乗合馬車が走り、横浜道《よこはまみち》（128頁参照）を通って京浜間の足の便となった。

横浜公園のほうから桜木町駅のほうに走る尾上町通りと馬車道とが交差する場所に市電の馬車道の交差点と電停があった。ここは道路は十字路であるが、市電の線路は複線の二方向と単線の二方向が四方から交差し、さらに渡り線も備えていたので複雑であった。

この複雑な交差点が完成する前の明治44年（1911）に馬車道から吉田橋を渡って駿河橋に至る羽衣町線が開通した。この路線の建設の時に伊勢佐木町の商店会は市電が通ると寂れると言って反対した。そのために市電は吉田橋を渡ると左折と右折を繰り返して裏通りを走ることになった。

ここの尾上町《おのえちょう》通りの桜木町寄りには現存する古い指路《しろ》教会がシンボルであった。その付近には旅館もあったが、今では中小企業会館が建った。反対の東側には銀行、後に朝日新聞のビルがあったが消滅して大きなビルになってしまった。

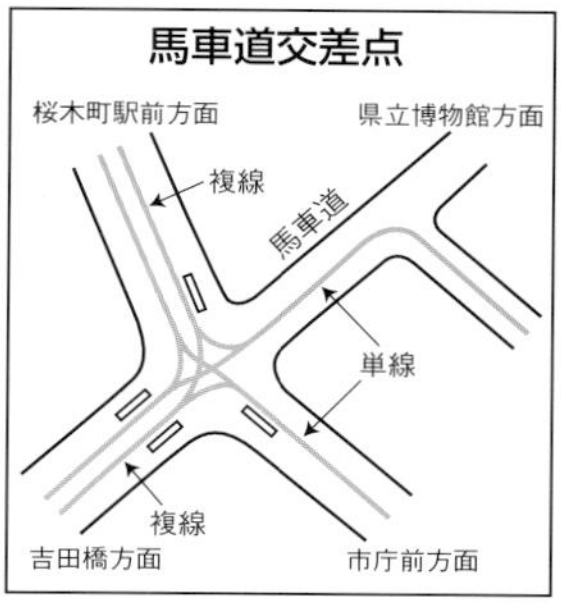

尾上町方面を眺めたもので、市電は2系統の装飾電車の1511号。昭和43年8月29日

上の写真では大和銀行と富士銀行の大きなビルしか無かったが、その先の横浜公園までビルが連立して景観は一変した。平成12年7月29日

この馬車道の電停から横浜公園までの道路は狭いので市電の複線の線路は作れない。そのために下り線は住吉町《すみよしちょう》通りを、上り線は尾上町通りをそれぞれ単線で走った。尾上町通りが拡幅して単線運転が解消したのはずっと遅く、昭和3年の震災復興後であった。その間の下りの市電は単線で馬車道を少し走って右折して住吉町通りに入って横浜公園まで走った。この馬車道を単線で走る市電の姿は私としては見たことが無いので幻であったが、絵葉書が当時の風物詩を見せてくれている。この付近は年代的には馬車が走り、市電が走り、今では地下鉄が走るようになった。時代の推移を感じる昨今である。

前述の震災復興の時に馬車道の交差点は隣の尾上町の交差点に移設され、ここは単なる通過点になった。今では近くの吉田橋は消滅し、旧電停付近には銀行が多い。最近では丸井のビルは解体されて高層マンションを建設中である。

市電が単線で走った馬車道のほうは古くは各種の商店が軒を連ね、アイスクリームの発祥地であったが、今では横浜市民文化会館や東宝会館が建ち、横浜正金銀行の風格あるドーム形の屋根のある建物は県立歴史博物館に変身して威厳を残している。

尾上町

←市庁前　馬車道→

◆おのえちょう

①

電停間の距離が最短だった

遠くに指路教会が見える。市電の形態から昭和3年頃のものと思われる（絵葉書）

ここはビジネス街の一角のために休日は人通りが少ない。コスモ証券の看板の辺りに電気局の案内所があった。平成12年7月29日

震災復興で派吉田川に羽衣橋が架けられ本町方面から弘明寺方面に走る関内大通りが完成したのは昭和3年であった。この時に馬車道の電停は存続したが、交差点は尾上町に移設された。この馬車道と尾上町の電停間の距離は市電では最短の１４２ｍであった。

午後になると本牧方面から来る上りの市電はいつも満員で、その多くの客は尾上町で乗換えて弘明寺方面へ行くので車掌は乗換券を発行するのが大変だった。この上りの市電が交差点を通過する時のリズミカルな通過音は忘れられない。

戦前にはこの電停の横浜公園寄りの近くの道路の中央に下水のマンホールがあった。そのために市電の軌道はこれを避けてカーブしていた。この辺りは空襲の被害がひどく、戦後は道路の両側には駐留軍のカマボコ兵舎が一面に並んでいた。

今の大和銀行のビルが建つ前には、ここの所に狭いながらも電気局の案内所があったので、よく立ち寄った。今ではこの付近から旧馬車道の電停にかけては両側に高いビルが連なり、道路は谷間のようになってしまった。

市庁前

尾上町 / 花園橋

◆しちょうまえ

ここは単線区間が集中した

車号はローマ数字だが読めない。海軍旗も見えるので海軍記念日だろう（絵葉書）

走る市電は2系統の横浜駅行きのワンマンカーの1103号。昭和45年6月14日

三枚の写真を比較すると街路樹の成長が良く判る。時代の推移と共にビルが建てられて道路の先の景色はだんだんと見えなくなってしまった。平成12年7月29日

馬車道の交差点から単線の別線で走る上下線が合流するのは、この市庁前の付近であった。下り線は住吉町線と言った。この住吉町線が開通した時には、その合流地点の付近から東に税関方面を走り英一番館前（今の開港広場）を通り花園橋まで走る循環の税関線も開通した。この線は単線であったため時計の針と同じ右廻りの一方通行であった。この住吉町線と税関線が開通したのは明治38年（1905）であり、税関線が廃止されたのは昭和3年である。

電停名は、初期には真砂町、次いで市役所前、横浜公園前、市庁前とめまぐるしく改称した。

市庁舎は震災と空襲の再度の焼失に遭い、今の庁舎は昭和34年に建設された。庁舎の脇にはくすの木広場がある。ここに電停付近の明治、昭和、平成にわたる比較写真をお見せしよう。

花園橋

市庁前 ← 吉浜橋 ←

◆はなぞのばし

川面の涼風と花園橋は今は無し

平和球場の脇を走る補充車の536号。遠くにマリンタワーも見える。昭和36年8月13日

街路樹が大きく育ち、その上から横浜スタジアムの姿が見える。別世界へ来たような感触で驚くばかりだ。平成12年7月29日

この場所は今の横浜スタジアム前のバス停の所で、ここで大桟橋通りと交差している。単線で一方通行の税関線はここで本牧線の下り線に併合していた。いっぽう昭和2年に花園橋線の花園橋と千歳橋の間が開通した。派吉田川に架かる市電が渡れる花園橋は翌年に完成したので、この時の電停は橋の手前であったと思われる。その後に税関線の一部が廃止され、本町線が開通したので、市電の交差点はすっきりした十字形になった。

前述の市庁前からの道路の左側には古くから横浜公園があった。この公園は明治初期に駐屯する外国の軍隊用に作られ、その後に日本人も利用できるようになったので彼我《ひが》公園とも称された。

この公園には戦前から野球場があり、戦後はゲーリック球場、その後は横浜平和球場と呼ばれた。昭和53年3月に現在の横浜スタジアムが完成した。

この道路の反対側に派吉田川が流れていた頃は走る市電の窓から涼風が吹き込み快適だった。今では川は埋められ花園橋は無く、JR根岸線の高架線と高く育った街路樹が並ぶ風景になってしまった。

吉浜橋

←元町　花園橋→

◆よしはまばし

南京町が中華街になった

これは艀（はしけ）を写した写真になってしまった。市電は1102号。昭和45年6月27日

道路の東側は高層ビルが多く、派吉田川は埋め立てられて駐車場になった。遠くの山手の丘は高速道路橋で隠されてしまった。平成12年8月19日

前述の市庁前からこの吉浜橋までの二つの区間の軌道はいつも乱れが無くて素晴らしかった。ボギー車よりも振動が激しいはずの単車に乗っても揺れはほとんど無く、滑るように快適に走った。これは地盤が強固だったためだろう。それに反して、ここから次の元町方面は地盤が悪く、いつも走行中の揺れがひどかったので良い対照だった。ここは急行運転の時は無停車だった。

この道路の西側の派吉田川にはいつも多くの艀《はしけ》が繋留され、吉浜橋が架かっていた。今では川は埋め立てられ橋は撤去されてしまった。旧電停のすぐ近くの港中学校の校門の柱には撤去された隣の花園橋の親柱が転用されているが、良い転用方法だと思う。

道路の東側は古くから回漕問屋の保管倉庫があって市民の立ち寄る所ではなかった。今では道路が湾曲する所に横浜中央病院が建った。中華街からの西門通りは旧電停の所で交差するが、ここに建つ延平門は中華街の案内役をしている。昭和以前に生まれた古老は南京町と言う言葉で呼んでいたが、今では中華街と言われるようになった。

元町
←吉浜橋
←麦田町
◆もとまち

東橋の東にあっても西の橋

会社時代の明治38年（1905）7月24日に大江橋から西の橋まで開通した。ここは中村川と派吉田川とがT字形に合流する所だ。開通した時には電車が中村川を渡る西の橋が無い時で、この時の西の橋の終点は川の手前であった。後に電車の専用橋が作られ、橋を渡った所が元町の電停になった。電停名の西の橋がいつ元町になったのか不明だ。中村川の上流に架かる東橋よりも東寄りの橋なのに西の橋とは面白い。

ここの道路の東側は企業の建物が散在し、西側は派吉田川が道路に寄り添って流れていた。行く手には山手の丘陵が横たわり、山頂にはフェリス女学院ほかの建物が眺められた。

今では東側はビルが建ち、西側の川は埋められて駐車場に変り、行く手の西の橋の上には高速道路橋が作られて山手の丘陵は全く見えなくなってしまった。

車号はⅦかⅫか不明だがローマ数字であることは確かで珍らしい（絵葉書）

山手の丘の上の建物が良く眺められた。2系統の1102号。昭和45年5月31日

前方の山手の丘は高速道路橋で完全に塞がれ、西の橋は暗い空間になってしまった。平成12年8月19日

開通した頃の写真で左に風呂屋が、手前には子守りの姿が見える（新線路写真帳より）

トンネルの上の樹木は成長したが、風呂屋は見当たらない。昭和45年5月31日

トンネルは下り専用の道路用となった。入口の右側にはビルが建ち、街のビル化はここまで及んでいた。平成11年2月27日

◈ ◈ ◈

元町の電停、そこは山手の丘陵の裾野で、今のバス停の付近であった。元町から先の本牧原まで開通したのは、西の橋まで開通した6年後であった。行く手の山にはトンネルが作られた。このトンネルについては次の麦田町の項で述べることにする。

古くは元町の電停から今の石川町駅付近まで市電の貨物の引き込み線があって、千代崎町方面からビールの輸送をしたことがあった。

この電停の付近には女学校が多かったので朝夕は女学生の乗降で賑わった。ここは昔の風情が今でも少し残っている。

元町は今ではおしゃれの街、ファッションの街で全国的にも有名になった。ここの元町通は元町ショッピングストリートと称され、まちなみ景観賞を受賞している。ここには明治の頃からの洋品店、家具の専門店、エキゾチックな料理店、アクセサリーの店などが並ぶ街並みになった。JR根岸線の石川町駅が近いのが有利だ。古老の話では石川町は古くは「いしかわまち」と呼んだそうだ。

麦田町
むぎたちょう
←大和町　元町→

今も往時をしのばせる風情が残る

丘上の洋館、和服姿の人、オープンデッキの10号・37号、のどかな風景だ（絵葉書）

中村川の流域地帯には山手の丘陵が迫っていたので、その南側へ行くのは困難であった。西の橋の西側の亀の橋を渡り、その延長上の勾配のきつい地蔵坂を人も荷馬車も登らねばならなかった。

トンネルから1158号が顔を出した。4系統の三渓園行き。昭和45年6月27日

明治44年（1911）12月26日に会社はトンネルを作って西の橋から本牧原まで開通させた。これによって人びとは電車に乗れば急坂との挑戦が無いので助かった。この電車用トンネルの西側に道路用の山手トンネルが完成したのは昭和3年であった。

トンネルは道路用に変身し、入口の上の桜道は橋になった。もう入口から顔を出すのは自動車ばかりになってしまった。昭和63年5月1日

電車用の桜道トンネルは長さが276mの立派なもので、全国の路面電車のなかでも誇り高いものだった。下り線で言うと登り勾配になっていたので、運転手はコントローラーのハンドルをいっぱいに入れたままで一息入れる場所だった。乗客のほうはオープンデッキの200形に乗ると夏でも冷風が浴びられて快適だった。

トンネルの上の桜道からの風景で遠くの山まで見渡せた。1161号。昭和45年5月31日

市電を描いた麦田車庫の跡地の碑が昭和63年2月に建立された。昭和63年5月1日

ビルが散在し住宅の建て替えも多く、緑も多くなったので潤いが出たような気がする。麦田車庫は道路のカーブの右側にあった。平成12年8月19日

◈　◈　◈

トンネルの南口の上は横に桜並木の桜道が走るので電停名は桜道下であったが、昭和3年に麦田町に改称された。ここは絶好な景観だったので絵葉書に多用された。本牧線の廃止の直前は、ここで市電の名残りをカメラに納める市民が多かった。ここは電車だけが走る専用軌道であったためか、周囲の住宅はほとんど変らず、今でも往時をしのばせる風情が残っている。

市電廃止後に、並行する二本のトンネルは上下線の個別の道路用のものになった。

この電停の所には営業所と車庫があった。麦田車庫は背後に山が迫っているので立地条件が悪く、電車を横に移動するトラバーサーが無い市電の車庫では最小のものであった。

車庫の跡地は老人福祉センターの麦田清風荘が建ち、憩いの場となっている。そこの角には市電を描いた市電車庫跡地の記念碑が立っている。

この付近は空襲の被害は無かったので今でも商店が並ぶが、マンションも散在するようになった。中学生の時によく立ち寄った電停前の弘集堂書店は今でも健在で懐かしい。

大和町

← 千代崎町　　麦田町 →

◆やまとちょう

昔の電停名は鉄砲場《てっぽうば》だった

通学で5年間、乗降したので懐かしい停留場だ。左は1164号、右は1102号。昭和45年5月31日

左のガソリンスタンドは今でも健在だった。遠くの千代崎町の裏の丘はビルが多くなったので見えなくなった。平成12年8月19日

ここは旧制中学生の時に5年間、市電を乗降したので懐かしい。この付近には横浜国大付属小学校や県立三中があったので、市電は男子学生の乗降で賑わった。

その頃に不思議に思ったのが、この電停付近から立野小学校の方へ一直線に伸びる道路であった。あまり広い道路ではないが、地図を見ると異様な直線なのですぐに判る。今のＪＲ根岸線の山手駅へ通じる道路だ。

これは古くから横浜に常駐していた外国の軍隊と居留民のための射撃場があった所で、その跡地の一部を道路にしたので直線道路が遺跡として残った。当時は鉄砲場《てっぽうば》と呼んだ。今の大和町通りである。

そのために、ここの電停名は初期には鉄砲場であったが、後に大和町に改称されている。この大和町と言う町名は明治の後期に、この通りに大和屋シャツ店が開店したからだと言われている。

電停付近は食料品店やそば屋、中華料理店などで賑わっていたが、今ではコンビニエンスストアやビルが建ち、遠くの山は隠れて見えなくなってしまった。

千代崎町

←本郷町　大和町→

◆ちよざきちょう

道路の盛り上がりは今も残る

山が見え商店が並ぶのどかな風景だ。4系統の1159号。昭和45年5月31日

建材を売る材木店は健在だったが、行く手の山はビルのために消えてしまった。この写真で道路の盛り上がりが判りますか。平成12年8月19日

昭和の初期まで前述の大和町と千代崎町との間に上野町と言う電停があったが廃止されている。面白いもので、今では上野町と言うバス停が存在している。

北側の諏訪町・千代崎町の付近で明治3年（1870）にビール工場が完成して製造を開始した。これが日本でのビール製造の発祥の地で、後にキリンビールに継承された。今では北方小学校の近くの工場の跡地がキリン園公園になっている。ここから下る道路をビヤザカ通りと名づけている。ここで製造されたビールを市電の荷物電車で西の橋まで輸送したことがあった。

麦田町付近から流れる小川があった。昔は千代崎町付近で暗渠になっていたが、今では大部分が暗渠になった。この暗渠が千代崎町の先で道路の反対側へ移行するために古くからこの電停の先の道路には盛り上がりがあり、今でも存在している。

道路の北側には古い北方郵便局、材木店が、南側には北方皇大神宮《きたがたこうたいじんぐう》が今でも健在だ。朝にはこの神社の脇の細い急坂を駆け登って登校した苦しい思い出が甦る。道路の行く手にはマンションが建って、遠くの山は望めなくなった。

本牧一丁目

←小港　本郷町→

◈ほんもくいっちょうめ

ニワトリが先か卵が先か

電車は荒地を一直線に走り、人は犬走りを歩く。3号（新線路写真帳より）

小港方面を見たもので4系統の1512号。昭和45年5月31日

左側の日本生命の建物は現存していたがテナントが入れ替わった。右側の家具店は健在だった。ビルが連立する今の姿から昔の荒地は想像はできない。平成12年9月10日

　この付近が開通した時には箕輪下《みのわした》と言う電停があった。その後の昭和４年頃に千代崎町寄りに本郷町の電停が生まれた。そして昭和18年頃に箕輪下が廃止されて本牧一丁目が生まれた。この時に本郷町にあった折り返しのポイントが本牧一丁目に移設された。日の出町一丁目から朝夕に走った補充の学生電車はここで折り返しをした。

　路線が開通した頃は線路の両側は一面の畑で、道路が無いので人びとは線路の脇の犬走りを歩いていた。鉄道の開通については電車が開通して街が生まれるのか、街が生まれて電車が開通するのかの二様がある。鶏が先か卵が先か考えさせられる。ここは電車が先達であった。

　この辺りは空襲の被災地であったが、良く立ち直って商店が多く、北側の市場も復活した。マンションなどのビルが散在し、「インテリア双葉」も健在だった。

小港

こみなと

←本牧一丁目　←本牧三溪園前

駐留軍のハウスの跡が小公園に

大和町方面を望んだものらしい。傾斜して敷設した鉄柱が気になる（新線路写真帳より）

この時は山のほうへ向かう道路は無いので交差点はT字形だった。昭和45年5月31日

今では交差点は十字形になり、マンションなどのビルが多くなった。道路上の遠方はさえぎるものが無いので北方辺りの丘が見える。平成12年8月20日

小港の名は古い小湊の名に由来している。ここは古くから新山下の方から来た道路が本牧通りとT字形に合流する地点だった。

本郷町のほうから畑の中を一直線に敷いた軌道を継承したので、ここの道路は長い直線になった。

この道路の両側は商店と住宅が混在していたが、今ではマンションや商店などのビルが並ぶ風景になった。それでも道路が直線のために、遠くの山は今でも目に入る。戦前は電停の近くの山際に私立の本牧中学校があったが、空襲で被災し廃校になった。

この辺りの通りは戦前はいつも下校時に市電に乗っての通過地点だった。急行運転の時でもこの電停は停車していた。

本牧へ向かう電車は小港を出ると大きく右折する。開通した頃はここも両側には畑やたんぼが続くので、当時の電車はのんびり走っていたのだろう。

　このカーブの途中に十二天と言う電停があった。今の本牧宮原のバス停の付近である。古くはここの東の海岸に本牧鼻《ほんもくばな》と言う景勝地があって、そこに本郷村の鎮守の十二天社があった。同社は明治初期に本牧神社と改称された。この十二天が電停名に使われた。

　この辺りは住宅地であったが空襲で広く罹災し、すぐに道路の両側は駐留軍に占領された。道路の東側には駐留軍の家族のハウスが、西側には軍用の建物が散在し、小港の電停付近には大きなPXがあった。この道路の両側は日本人立入禁止で、外国の風情を眺める我われは衣類や食料が乏しく、うらやましかった。前述の本牧神社の土地は占領されて神社は和田山に再建された。

　今ではこの付近の道路の東側にはいずみ公園、西側にはせせらぎ公園が作られ、町中の小さなオアシスになっている。

本牧方面を望む写真で周囲は田園風景だ（新線路写真帳より）

駐留軍のハウスの前を走る4系統の1152号。昭和45年6月28日

道路のカーブは昔と変わらず、その左右には小公園がある。この辺りは繁華街への入口になっている。平成12年8月20日

本牧三溪園前

小港 ← 本牧三溪園終点 → 港

◆ほんもくさんけいえんまえ

電停名の変遷が激しかった

会社時代の明治44年（1911）12月26日に西の橋から本牧原まで開通したが、その本牧原の終点はここだった。今でもバス停に本牧原が存在している。その後の永い間、この電停名は本牧であった。場所は道路がカーブしている所だ。

民家が散在するここが終点であった。左は29号、右は53号（新線路写真帳より）

ここが三渓園への入口で飲食店が軒を連ねていた。1164号。昭和45年6月28日

道路のカーブで定点対比の地点が探せた。この付近はきれいな飲食店が並び人通りが多い。左の建物は駐車場だ。平成12年8月20日

戦後にこの電停は名称が激しく変化した。昭和26年に本牧が本牧三溪園前になった。その後の昭和43年9月1日の間門《まかど》線を含む6路線の廃止の時に大鳥中学校前になった。この時に間門寄りに折り返しの電停の本牧三溪園前が設置された。さらにその後の昭和44年6月1日に大鳥中学校前は本牧三溪園前に、そしてさらに本牧三溪園前は本牧三溪園前終点に改称された。電停名の改称の頻度はここが最多であった。

近くに戦前から三溪園と八聖殿があったので飲食店が多かったが、今では大きく発展したマイカル本牧の南の外れで、飲食店が散在している。

本牧三溪園終点

本牧三溪園前

◆ほんもくさんけいえんしゅうてん

ここが三溪園への近道

ここが終点の時の風景で静かな住宅地が続いている。1513号。昭和45年5月31日

間門方面を写したもので、街路樹の桜は大きく育った。満開の時はきれいな桜通りに変身する。この辺りに来ると飲食店が少ない。平成12年8月20日

前述の本牧三溪園前のカーブを走り、直線の道路を少し行った所が、この電停だ。昔はこの先の間門寄りに三の谷と言う電停があって、そこが折り返し点であった。

その後の昭和43年9月1日の根岸線・間門線の廃止によって、折り返しは三の谷からここの電停に移設され、電停名は本牧三溪園前となった。

その後の昭和44年6月1日にここの電停名は本牧三溪園前終点になったが、1ケ月後にさらに「前」を削除して本牧三溪園終点に改称された。今のバス停名は三溪園入口である。

ここには三溪園への近道が通じている。三溪園の三溪は実業家の原富太郎の号である。彼は明治38年（1905）頃に本邸の庭園の三溪園を完成させ、後に一般公開になった。ここの広く美しい日本庭園は多くの観光客や市民が集る憩いの場所で、四季には多彩な景観を見せてくれる。ここはまちなみ景観賞を受賞している。

この付近は昔ながらの住宅地で、今は集合住宅が散在している。

三の谷

本牧三溪園前 二の谷

◈さんのたに

ここには鉄道ファンの愛情があった

三の谷の電停を発車した2系統の1312号。昭和43年6月22日／写真：三神康彦

この付近の風景はすっかり変ったので定点対比の地点を探すのが大変だった。前述の道路のカーブ地点からの距離で推察した。平成12年8月20日

戦前からの永い期間、ここが生麦からの2系統と保土ケ谷駅からの4系統の折り返し点であった。前述の通り根岸線・間門線の廃止によって、この電停は廃止された。電停は消えても今でもバス停には三の谷が存在する。

ここが折り返し点であった時には電停の北側には乗務員の詰所があった。詰所は歩道上に作られるのが多いが、この詰所はこの大きな邸宅の角を小さくL字形に削った所にあったので不自然な姿だった。後になって判ったのだが、ここの邸宅の主は今では故人になられた私の親友の中山沖右衛門氏で、切符収集の鉄道ファンであった。彼は好意で電気局（交通局の前身）にこの一坪ほどの土地を貸したものと判った。

この本牧通りの南側には長い台地が続き、そこに深い谷が刻まれて谷戸《やと》があった。その谷戸を西の方から一之谷、二之谷、三之谷と呼んでいた。三の谷はその名残りで、今でも本牧三之谷の町名が残っている。

この道路の両側は戦前は住宅地で、戦災後の北側は駐留軍の建物が散在していた。今では住宅とマンションとが混在している。

二の谷
三の谷
←東福院前

◆にのたに

今も残る道路のうねり

今のほぼ一直線に走る本牧通りはこの付近で少し南にうねり、また一直線になっているのが特徴だ。このことを読者の方がたはご存知ですか。この小さな道路の変化は戦前から存在していたが、その理由は判らない。時代と共に都市の姿は変化するが、このような基本的なものの継承はいつまでも存続する。

前述の三の谷の電停から間門までの市電の軌道は未舗装であったのが特徴だった。この未舗装とは敷石が無い状態のことで、そのために路盤の状態が不安定なのか市電はやたらと揺れ動いた。この未舗装の理由も判らなかった。この電停は急行運転の時は無停車だった。今でも同じ場所に二の谷のバス停がある。

この付近も住宅が連なっていたが、今ではマンションやコンビニエンスストアが建ち並んでいる。道路の北側には小さな新本牧公園があって安らぎを与えてくれる。この道路の両側は桜並木で、満開の時は素晴らしい景観となる。

道路の両側は同じような住宅が連なっていた。昭和43年8月18日

あれから約30年後の今では同じようなマンションが連なっていた。この地区の人達は気が合うようだ。平成12年10月14日

東福院前

←間門　三の谷→

◆とうふくいんまえ

ここは接収地域の西のはずれ

間門方面から来た2系統の1320号。昭和43年6月22日／写真：三神康彦

後の丘の樹木は良く育ち、その麓には大きなマンションが建った。この辺りは静かな住宅地なので、あまり変化が無い。平成12年10月14日

空襲の罹災地区はこの付近まであったので、本牧通りの北側の駐留軍の接収地域は小港からこの付近まで続いていた。

東福院は道路の北側の本牧荒井の山麓にある。この山麓には古くから細いくねった道路があって、これが古道ではないかと思われる。この小道は次の間門の手前で本牧通りに合流している。

本牧荒井に続く本牧緑ケ丘の旧制中学校へ通っていた時は、下校時には東福院の脇の急坂を下りここから乗換えを入れて伊勢町一丁目まで市電で帰ると、乗る距離が永いので楽しみだった。

今ではこの付近にはマンションが散在しているが、戦前からの静寂な住宅地の風情が残っている。道路の北側には本牧中学校と緑ケ丘高校、南側には間門小学校と立野高校がある。

この電停は急行運転の時は停車していた。戦後は横断歩道橋が作られ、昭和42年には上りと下りの安全島が移設された。今でも同名のバス停が存在する。

間門

まかど

←七曲下　東福院前→

風情があった松風と潮風の吹き抜け

終点で待機する5系統の1170号。昭和43年7月21日

市電の線路や安全島などが無くなると道路は広く感じるものだ。街路樹が茂ると潤いも出る。平成12年8月20日

間門《まかど》は古くは「まかと村」であった。市電が本牧原から間門まで開通したのは大正13年（1924）4月1日だった。この時には神奈川と間門の間を運転していた。その後の戦前は長い間、ここは洪福寺前からの5系統の終点だった。

ここは道路の両側が小高い丘のために戦前は住宅はほとんど無く、市電の終点と言う雰囲気が漂う場所だった。その丘には松がうっそうと茂り、松風と潮風が吹き抜けて、夏には激しい蝉の鳴声と共に涼しかったのが印象に残っている。

道路の先は南北の丘が接近し谷戸《やと》のようであったが、ここが一之谷と呼ばれる場所だと思われる。ここは海岸が迫り、遠浅ではなかったが夏は海水浴場で賑わった。

前述の東福院前から間門までの道路はゆったりとしたS字カーブで、ここは空襲の被害は無く、今でも道路の両側はのどかな昔ながらの住宅のたたずまいが見られる。

根岸線は建設中で、まだ根岸湾が間近に望めた。11系統の537号。昭和29年2月21日

市電は廃止され、根岸湾は埋め立てられて石油精製の工場が建ち緑が多くなった。平成９年7月21日

今では首都高速湾岸線の高架橋の建設が始まり、またここの風景は変ろうとしている。平成12年8月20日

◈　◈　◈

昔の電停付近には市電の乗務員の詰所があるだけだったが、今ではここの北の丘には日本石油の社宅や財務局そのほかのビルが建ち、居住人口が増えたので交番が設置されている。詰所が交番に世代交代したように感じられる。

戦前の間門の先は海が迫り、その先の道路は直ぐに右折して山麓に沿って細い旧道があった。

その後に左側の丘を崩して道路を広げ、海岸を埋めて直線の道路を作った。後に東方から伸びる産業道路と合流させて交通の大動脈になった。また広大な埋め立て地には石油精製の工場が建ち並び、それを輸送する神奈川臨海鉄道の路線も作られた。さらに昨今では高架式の首都高速湾岸線を建設中である。時代の推移と共に海岸は遠くなり、さらに視界が塞がれてしまった。

七
曲
下

←不動下　間門→

◆ななまがりした

もう本牧の谷戸は見られない

本牧の崖が見える。根岸線開通の祝電車は1171号。昭和30年3月31日

道路の南の海側には住宅が建ち、JRの根岸線の鉄橋もあるので昔の風情は完全にそがれてしまった。平成12年8月20日

市電が間門から八幡橋《やわたばし》までの根岸線が開通したのは昭和30年4月1日だった。

市電が開通する前は、間門の先は北側の丘の麓を走る細い道路のためにバスしか走らなかった。その後にこの道路の南側に海を埋めて広い道路が八幡橋まで作られ、市電が走るようになった。市電が走り始めた頃は、道路の南側の広い埋め立て地は驚くほどの数多い駐留軍のトラックの置場であった。この頃ではまだ本牧方面にかけて切り立った崖のある丘と、その間に切り込んだ谷戸《やと》の一之谷、二之谷、三之谷が見られた。

今ではJR根岸線の鉄橋と建設中の首都高速湾岸線と茂った樹木で谷戸は完全に視界から去ってしまった。

間門を出た下りの市電は右折して広い道路に入るが、ここで晴れた日には運転台から前方の遠くに富士山が眺められた。このカーブの所で本牧通りは後に建設された産業道路と合流するようになった。

道路の左はトラックの置場であった。まだ根岸湾が目に入る。昭和30年3月31日

道路の南側は住宅、JRの根岸線、神奈川臨海鉄道などですっかり埋まってしまった。鉄橋はJR根岸線である。平成12年8月20日

◇　◇　◇

ＪＲの根岸線は昭和12年に計画され、一部の測量と建設が始まったが戦争のために中止となった。当時の線名は桜木町と大船の頭文字をとって桜大線《おおだいせん》であった。戦後に建設が再開し磯子まで開通したのは昭和39年5月19日だった。この時から横浜と桜木町の間は根岸線に包含された。

この道路の北側は静かな住宅が建ち並ぶ街並みであったが、やがて両側は企業などの近代的な建物が並ぶようになった。早くに建てられ、シンボル的な建物だったのは南側の横浜赤十字病院であった。この辺りの千鳥町から鳳町にかけてはＪＲの根岸線、神奈川臨海鉄道の貨物線、石油コンビナートなどが展開し、市民の立ち入る場所ではなくなってしまった。あの昭和30年代の広大なトラックの置場は今では想像もできない。

市電の電停名は七曲下であったが、今のバス停名は日赤病院前になっている。この北側を走る旧道は今はどうなっているのだろうか、暇があったら探索して歩いてみたいと思う昨今である。

不動下

←根岸駅前　七曲下→

◈ふどうした

ここは根岸台への登り口

間門方面へ走る2系統の1509号。昭和43年5月14日／写真：三神康彦

この付近の道路は変化が少ない。間門方面を望んだもので、遠くにJRの根岸線の鉄橋がまだ見える。平成12年8月20日

前述の七曲下から不動下にかけては道路は少しカーブしている。道路に多少の変化があると、昔の場所が探しやすいので助かる。今の広い道路が無い時に間門方面から細い旧道を走って来たバスは、この不動下で左折と右折を繰り返して海岸沿いの道路に出るのが大変だった。今でもこの屈折の場所は残っている。その場所は不動坂への登り口の所で、戦前はそこに不動下のバス停があった。この近くに白滝不動尊があるので不動下と言う名称になった。今でも長い石段のある白滝不動尊は健在だが、滝は一滴の水も垂れなくなってしまった。

今では不動下のバス停から不動坂を登るバスがあるので助かる。この坂を登れば根岸台・旭台の台地で、そこには根岸森林公園の広い緑が広がる。

市電が活躍していた頃の道路の両側は住宅、倉庫とビルが散在していたが、今ではビルが多くなってしまった。しかしここは通過点のためか販売店や飲食店が無い。後をふりかえると、まだ遠い間門付近の緑の丘とJR根岸線の鉄橋が望める。

根岸駅前

←プールセンター前　不動下→

◆ねぎしえきまえ

ここには根岸線の興亡があった

市電は2系統の葦名橋行き1171号。昭和41年2月19日／写真：三神康彦

あれから約30年を経過したらコンクリートの建物ばかりになってしまった。交差点の所の小さな緑は子供の遊び場となっていた。平成13年4月28日

戦前のここのバス停名は芝生《しぼう》町一丁目、市電が開通した時の電停名は中根岸町二丁目だった。開通の日にはこの電停で発車式が挙行された。当日はあいにくの小雨であった。テープカットと同時にくす玉が割られ、中から鳩が飛び出し小雨の中を元気に舞った（168頁参照）。

市電の開通の9年後にＪＲ根岸線が開通したので、電停名は根岸駅前に改称された。この時に次の電停の中根岸町三丁目もプールセンター前に改称されている。

ＪＲ根岸線の開通の時には、前日の夜からこの駅前で徹夜をして一番の切符を求めた。しかし先着の同好者がいて一番の切符は買えなかったので、しかたなく高額の一番の定期券を買わされた苦い体験があった。

このＪＲの根岸線の開通によって市電は客離れ状態になり、その4年後に市電のほうの根岸線は廃止の運命になった。ここに根岸線と言う同名線の歴史上の興亡があった。

この付近は古くから住宅街で根岸駅が開業した頃の大きなビルは薬業会館（現神奈川県総合薬事保健センター）があるだけで、飲食店は少なかった。今ではマンションや飲食店も多くなった。

中央市場

神奈川会館前

ちゅうおういちば

単線を走る味わい

単線区間を走る7系統の八幡橋行き1506号。昭和41年7月31日

今でも写真の左手前には大衆食堂が並び、来客を待っている。鉄橋の付近はビルが多くなった。平成12年7月9日

昭和6年2月に中央卸売市場が開設された。しかし市電が神奈川会館前から分岐して、ここまで延長されたのは戦後の昭和23年11月10日であった。この延長の目的は戦後の食料の乏しい頃なので、それを市電で輸送するためであった。そのためにこの線は有蓋貨車だけが走り、客扱いはしなかった。その後に客扱いを開始したのは翌年の3月15日であった。

この中央市場線は神奈川会館前で分岐し少し走ると単線になる。市電は500mほど走ると終点の中央市場に到着し、途中の電停は無い。市電の単線区間はここだけで珍らしい存在なのでよく乗った。この区間では途中で国鉄貨物線の高島線を地上より下がって通過する。ここが見せ場の場所だった。

市電が万代橋を渡って山内町《やまのうちちょう》に入った所が終点であったが、この辺りは今でも変化が少ない寂しい所だ。単線区間の周辺はビルが少しは建ったが、市場が近いためか労働者のための大衆食堂や飲屋が多い。日曜日や祝日に行くと閉店が多いのは土地柄か、食事にありつけないので注意が必要だ。

六角橋

ろっかくばし

←西神奈川町五丁目

終点の先で余生を送る市電がある

のどかな終点に停車中の1系統の608号。昭和43年8月25日

写真で見るように高層ビルが多くなり、今まで目立った化粧品販売の三階建てのビルは小さくて探すようになってしまった。平成12年7月15日

東白楽から六角橋まで市電が開通したのは昭和3年12月28日だった。開通した頃の名称は中川《なかがわ》線であった。そこには中川と言う地名があったが、昭和7年に西神奈川町と白楽に包含されてしまった。その後は同線を六角橋線と呼ぶことになった。ここは古くから杉田からの6系統の終点で、この系統は最高のロングランであった。

六角橋は古くは六角箸村が六角橋村に改称されたとの説があって同音異義で面白い。

市電は六角橋の終点の先は走らなかったが、この先の六角橋六丁目のバス停の近くの県警交通安全センターの交通公園には市電の1505号が保存されて寂しく余生を送っている。

ここの横浜上麻生道路は新横浜への近道のために車の通行量が多く、特に旧電停付近が激しいのは商店が多いためだろう。

近年はマンションなどのビルが建ち並んでいるが、旧電停前の池田ビルは今でも健在だ。近くの六角橋商店街は人で溢れている。

西神奈川町五丁目

←六角橋　→東白楽

◆にしかながわちょうごちょうめ

ここには活気に満ちた街並がある

道路の膨らみを走る12系統の弘明寺行きの1317号。昭和43年8月25日

市電が走っていた頃はビルが二つしかなかったが、今では連立して壁のようになってしまった。街路樹も良く育った。平成12年7月15日

六角橋とこの電停との距離は短く僅か178mしかない。今のバス停名は西神奈川二丁目になっている。

市営地下鉄が横浜駅から北に新横浜駅まで延長する時に建設する路線は三案があった。その中に最短で結ぶ六角橋を通過する案があったが、建設については地元では工事中は騒音、振動ほかの弊害があると言うことで反対した。そのために地下鉄は三ツ沢の方を迂回して延長した。

その後の六角橋周辺を気にしていたが、ここは衰えを知らない賑やかな商業地域に発展した。市電が走っていた時には道路の両側は商店が並んでいたが、今では高層マンションも含めて商店が多い街並みとなり風景は大きく変貌した。ここは活気に満ち溢れている。東横線の東白楽の鉄橋は探すようになってしまった。

ここの横浜上麻生道路の旧電停のあった付近の道路は膨らんで小高くなっているのはなぜだろう。おそらく暗渠のためだと思われる。

東白楽

西神奈川町五丁目
西神奈川町

◈ひがしはくらく

珍らしいパンタを付けた市電が走った

東横線のガード下を走る9系統の六角橋行きの517号。昭和43年8月25日

東横線は車両編成の長大化によって駅のホームは鉄橋の上まで延びてしまった。右の横浜整形ビルは健在だった。平成12年7月15日

東神奈川駅西口から東白楽まで市電が開通したのは昭和3年12月11日だった。その後にここから六角橋までさらに延長された。しかしここは東京横浜電鉄（東急東横線の前身）が大正15年（１９２６）2月14日に開通して電車が地上を走っていた。しかし東白楽駅の開業は遅く、昭和2年3月10日であった。そのため市電はこの地点で路線は中断し、乗客は踏切りを渡り、また違う市電に乗換える不便があった。ここから僅かな距離の六角橋との間は、市電では珍らしいパンタグラフを付けた４００形１両がシャトル運転をしていた。その後の昭和５年に東横線は高架線に改築されたので、この中断は解消された。この中断の時期に市電が暴走して東横線の線路に乗り上げる事故が発生している。このパンタグラフを付けた４００形は話の種に見たかったが、小生の年齢が5才の時ではどうにもならない。

道路を跨ぐ東横線の鉄橋は、同線の車両の編成が長大化したので、ホームが鉄橋上まで延びたので景観も変わってしまった。この付近の風景は鉄橋以外にはあまり時代の変化は見られない。

西神奈川町

東白楽

東神奈川駅西口

◈にしかながわちょう

静かな街が激しい交差点に変身

広い道路を六角橋へと走る1系統の六角橋行きの1020号。昭和43年8月4日

これが定点対比の地点かと驚くばかりの変貌だ。遠方の東横線の鉄橋は探すようになってしまった。街路樹も成長した。平成12年7月15日

ここは市電が走っていた頃は寂しい場所であった。その後に北方の立町付近で第二京浜国道と分岐した横浜新道がここで十字交差をして反町、三ツ沢方面へと走るようになった。そのために車の通行量が多い繁雑な交差点になってしまった。

昭和40年代までのこの付近の目に入るシンボルは東横線の東白楽の鉄橋だけであったが、今ではマンションの高層ビルと成長した街路樹で風景は一変した。道路の西側には古くから目立った横浜逓信病院が健在だ。しかし前庭を備えた低いビルであったために、今では探すようになってしまった。道路の東側には孝道教団へ登る入口がある。

ここの交差点の所も高層マンションと企業のビルに囲まれ、多い車にも刺激されて通行人はオロオロと歩いている。信号の角のビルの角の小さな部屋は交番になっていて、やっと住み付いているように見える。

旧電停があった所のバス停名は神奈川公会堂入口になっている。さて、その入口はどこだか探すようだ。そうだ、ここの交番で聞いた方が早い。

東神奈川駅西口

↑西神奈川町
↓二ッ谷町

◆ひがしかながわえきにしぐち

高層マンションと横断歩道橋がシンボル

寂しい駅前の風景で、まだ歩道橋が無い。1606号。昭和42年6月11日／写真：吉川文夫

今ではショッピングセンター、マンション、公会堂、横断歩道橋と揃った駅前広場は賑わっている。平成12年7月15日

東神奈川駅西口から青木橋まで市電が開通したのは昭和3年6月21日で、当時の名称は柳町《やなぎちょう》線であった。ここは第二京浜国道と六角橋方面から来る横浜上麻生道路がT字形に交差する場所だ。

この駅は明治41年（1908）に横浜鉄道が八王子まで開通した時に作ったもので歴史が古い。この西口は同駅の裏口になる。この駅の東京側に駅の東西を結ぶ地下道が昭和3年に完成した。

ここは長い間、浦舟町からの9系統の終点であったが、後に六角橋までの運転になった。

駅前の広場は戦後に作られたもので大きな三角形になっており、その上を横断歩道橋が走っている。市電が健在の頃は住宅や工場の上に、鳥越の先の白幡の丘陵が遠くに望めたが、今では高層ビルが建って視界は一変した。ここでのシンボル的な高い建物は二十六階建てのマンションのスカイハイツ・トーカイで、四階までは物品販売の東神奈川サティである。この裏に神奈川公会堂があるが探すようだ。

二ツ谷町

←反町　→東神奈川駅西口

◆ふたつやちょう

反町公園は都会のオアシスだ

市電の右後方に牛車が見える。9系統の浦舟町行き601号。昭和24年10月23日

これが同位置の風景かと驚くばかりである。右の遠くには東神奈川駅前の高層マンションが写っている。平成12年7月15日

ここは東白楽方面から流れる滝野川が第二京浜国道と交差している。すぐ近くに反《たん》町《まち》公園があり、その一角に神奈川スケートリンクがあって若者で賑わっている。ここは都会のオアシスだ。神奈川区役所も近い。

終戦後の間もない昭和24年に日本貿易博覧会が開催された。会場は反町公園の反町会場と野毛山公園の野毛山会場であり、両会場を結ぶ会場連絡車が走った。

市役所は空襲を予想して老松中学校ほかの学校に疎開をしていたが、この博覧会の終了後に反町会場の建物へ移転した。ここから今の港町の市庁舎へ引越したのは昭和34年であった。

この電停名は二ツ谷であったが、昭和7年に二ツ谷町に改称した。昭和31年4月1日から六角橋と弘明寺方面を回る1・12系統の循環運転が開始された。この系統は生麦営業所の受持ちで、この電停の脇に乗務員の詰所が作られた。

この付近の国道は南側はJRや京浜急行が走るので住宅は北側しかない。市電が走っていた頃は商店が並んでいたが、今ではビル化して高い共同住宅も散在している。

反町

←青木橋　二ツ谷町

◈たんまち

珍らしい乗継乗車券が発行された

日本貿易博覧会の名残りがある反町を通過する12系統の1015号。昭和24年10月23日

緑の樹木のある所が反町公園だ。公園以外は高層マンションばかりの街の風景になってしまった。平成12年7月15日

ここは前述の二ツ谷町から青木橋への登り坂の中間で、道路は少し平坦になっている。ここの電停の所から北西への道路を行くと横浜新道へ出て、東急東横線の反町駅への近道だ。

この反対の南側にはＪＲの鉄道線を越す歩道橋がある。ここを行くとすぐに京浜急行の線路に行き当たるが、古くはこの場所に同線の反町駅があったが廃止されてしまった。

ここの電停の少し青木橋寄りの鉄道線側の崖で昭和38年11月６日にガス管の破裂があった。応急の処理が済むまで第二京浜国道の車の通行は禁止され、市電もここで中断になった。その時に珍らしい乗継乗車券が発行されている。

この付近は空襲の被害が大きく復興は遅かったが、今ではマンションほかのビルが多く往年の姿は想像もできない。近くにはサカタのタネの販売所があって、きれいに咲いた草花は道行く人の目を楽しませてくれた。

青木橋

←横浜駅西口　反町→

◆あおきばし

青木橋のルーツは神奈川陸橋

フェンダー付きの400形の珍らしい姿で昭和2年にストライカーになった（絵葉書）

樹木の成長と遠くのマンションのビルだけが変化した。本覚寺の山門の屋根が僅かに見える。この交差点は車の通行が激しい。平成12年7月15日

明治5年（1872）に日本で最初の鉄道が品川と横浜の間に開通した。この時に権現山の一部を削って切り通しを作り、鉄道を敷設した。しかしここには東海道の道筋があったので、明治3年（1870）に線路を跨ぐ木橋を作った。鉄道を跨ぐ橋のことを陸橋と言ったが、これも日本で最初の陸橋である。当初は神奈川陸橋と言われたが、昭和3年にプレートガーダー形の鉄橋に架け替えられた時に、ここは青木城跡なので青木橋と改称された。その翌年に青木橋と青木通りの間の市電が開通した。古い木橋は洲崎神社の前の旧街道の延長線上に架けられたが、今の鉄橋の敷設の時に橋の方向が変更された。

この付近には古くから寺が多く、横浜の開港以前は各国の領事や公使は各寺を公館とした。使用されたのは本覚寺、甚行寺、浄滝寺、慶雲寺、長延寺などである。このうち旧電停付近で最も目立つのは本覚寺で、安政6年（1859）から5年間はアメリカ領事館であり、山門の所に記念碑が立っている。この山門は空襲の被害から免れた。この付近の情景は樹木の成長以外は変化が無い。

横浜駅西口

よこはまえきにしぐち

青木橋

鶴屋町三丁目

やがて鉄橋は姿を消すことになる

東横線の鉄橋下を走る9系統の525号。昭和41年9月11日／写真：吉川文夫

道路の左右、鉄橋の先など全てビルに囲まれてしまった。やがて鉄橋が撤去されるとさらに風景も変るだろう。平成12年7月16日

ここで目立つものは東急東横線の鉄橋だ。同線が神奈川まで開通したのは大正15年（1926）で、神奈川駅は旧東海道を鉄橋で渡った南側の土手の上にあった。ここは国鉄の神奈川駅の裏口に当たる場所になる。

市電のほうは昭和2年12月20日に浅間町《せんげんちょう》線の青木橋と洪福寺前間が開通した。この時に東急の鉄橋の付近に神奈川駅裏口と言う電停があった。

その後の昭和3年に国鉄の神奈川駅は廃止され、東急の神奈川駅は高島台のトンネルの出口に移設された。これによって市電の電停名は下台《しもだい》に改称されたが、昭和6年1月13日に廃止された。

この下台の西隣りの電停は鶴屋町だった。これが昭和7年に鶴屋町二丁目に、同21年に横浜駅裏口に、同33年に横浜駅西口に改称されている。今のバス停名は昔の市電の電停名に戻って鶴屋町二丁目である。

青木橋からの環状1号の道路はこの付近から浅間下付近にかけての両側は大きな企業のビルが連立し、市電の時代の街並みは消滅した。さらに横浜高速鉄道の開通で東横線は地下化されるので、鉄橋も消滅することになっている。

鶴屋町三丁目

←横浜駅西口　←楠町

◆つるやちょうさんちょうめ

市電・トロバスの跡に地下鉄が走る

9系統の六角橋行き514号。昭和43年8月31日／写真：三神康彦

この定点は交差点から少し楠町へ寄った地点である。市電が活躍していた頃は商店が並び、軽井沢の山も見えたが、今ではビルの屏風になってしまった。平成12年7月16日

ここは青木橋方面からの環状1号と横浜駅西口から沢渡を経て松本町に至る横浜駅泉町線の道路との交差点だ。双方の道路とも車の通行量が激しいので、歩行者用の横断は歩道橋しかない。

この環状1号のほうは浦舟町からの9系統の市電が走り、松本町に至る道路はトロリーバスが走っていた。今ではトロリーバスが走った道路の下を地下鉄が走っている。時代の推移で走る物が変ってしまった。市電が開通した時の電停名は台町下であったが、昭和7年に鶴屋町三丁目に改称した。

古くはこの付近は海岸であったことを知る人はほとんどいないだろう。環状1号のすぐ北側を並行して通ずる道路が旧東海道の道筋である。

市電が元気で活躍していた頃は商店が並ぶ静かな裏通りの感が深かったが、今では環状1号の両側は企業の高いビルが建ち並び面目を一新した。これは横浜駅まで歩いて10分ほどの良い立地条件に恵まれているためだろう。ここで住宅を構えている人は見当たらないようだ。

楠町

←鶴屋町三丁目　←浅間下

◆くすのきちょう

ここは旧東海道の道筋だった

市電は9系統の浦舟町行き521号。昭和43年8月31日／写真：三神康彦

定点対比の地点は楠町付近から浅間下を眺めたもので市電が走っている箇所は旧道の跡である。ここもビルの谷間になった。平成12年7月16日

環状1号の道路はここでゆっくりとS字カーブをする。この最初の左折した所が楠町の電停だ。当初の電停名は軽井沢であったが、昭和7年に楠町に改称した。

青木橋の方から環状1号の道路の北側を並行に走って来た旧東海道の道筋は、この楠町の所で環状1号に包含される。つまり、この道路を作った時に旧道を利用したと言うことになる。これが次の電停の浅間下まで約500m続くことになる。この浅間下の手前の所で、野毛山方面から来た古道の横浜道が旧東海道と芝生《しぼう》村の入口でT字形に合流していた。

この電停の東側の青木橋寄りの市電の路線のカーブは相当にきついものだった。そのために市電は速度を落とし、ゆっくり通過した。このようにカーブがきつい箇所は尾張屋橋の浜松町寄りと戸部一丁目にもあった。

この付近は商店が並んでいたが、今ではここもマンションなどの高いビルが並び、都市の中心とも思われる風貌になった。

浅間下

→岡野町
←浅岡橋

◈せんげんした

旧道は寂しく環状1号から離れる

背景は浅間神社の丘。市電は5系統の本牧三渓園前行き1170号。昭和44年6月15日

ここは車の通行量が多くて交通の難所だ。街路樹と浅間下公園の樹木が成長して丘は見えなくなった。平成12年7月16日

ここで環状1号の道路は高島からの新横浜道と交差するが、共に車の通行量が多いので混雑が激しい。車の運行の関所のような地点で、いらいらは禁物だ。ここから三ツ沢へ抜ける新横浜道はカーブが多い急坂になっている。

交差点の角の交番の所は小さな浅間下公園だ。その公園の北側に保土ケ谷方面に向かう細い道路がある。ここで前述の環状1号に包含されてしまった旧東海道の道筋は孤立し、この細い道路を西へと続くことになる。この道路の北の小高い丘に浅間神社がある。

ここは昭和5年6月25日の平沼線開通の時から、古くは間門からの7系統の終点であったために、折り返しのポイントがあった。この開通の約3ケ月後に7系統は5系統に変更された。その後にこの系統は洪福寺前まで延長された。横浜駅西口から岡野町を経由したトロリーバスは浅間下で左折して洪福寺前の方面に走っていた。

ここもビルが多くなったが、浅間下公園のおかげで今でも浅間神社の緑の丘が望める。

浅岡橋

←浅間下
←浅間町車庫前

◆あさおかばし

今では浅間台は見られない

1500形がデビューした当時の姿で素晴らしい。9系統の浦舟町行き1503号。昭和28年1月6日

上の写真は戦後間もない頃なので平屋の住宅が並び、背後の浅間台が良く見えた。昨今では高層マンションは一棟しかないが、街は整った。平成12年7月16日

環状1号から少し離れた南側の新田《あらた》間川《まがわ》に架かる浅岡橋があるので、電停名が浅岡橋になった。急行運転の時は無停車だった。

市電が走っていた頃は道路の両側は住宅が多く、商店は散在していた。

今では商店が多く、マンションも散在し中央分離帯があるので風景は一変した。浅間神社のある小高い丘は望まれなくなってしまった。

東方向に頻繁に走るバスはほとんどが横浜駅西口行きだ。ただ系統によっては前述の浅間下で直進するのと、右折するのとがあるので注意しなければならない。よく利用する地元の人は判っているはずである。

北側の近くの神奈川情報文化専門学校と明神下公園の前の道路が旧東海道の道筋である。この裏には浅間台みはらし公園がある。

浅間町車庫前
浅岡橋→
←洪福寺前

◈せんげんちょうしゃこまえ

最も変遷の多い車庫だった

市電とトロリーバスが並んだ姿。市電1510号、トロリーバス110号。昭和44年6月28日

写真の左半分はビルが多く、右半分はバスの車庫なので空き地のようだ。平成12年7月16日

昭和2年に浅間町線が開通した時に、ここに車庫が作られた。この車庫の変遷は激しく、その運命を予想する人はいなかっただろう。その後の昭和3年に市バスの運転が開始された時にバスの車庫も作られて共存になった。その後の昭和7年にバスの専用になり、空襲で罹災した。空襲で罹災した車庫はここだけである。

その後にバスの専用の車庫で復旧し、さらにトロリーバスの専用になった。そしてさらに市電との併用になり、現在のバスの専用になった。

昭和34年にトロリーバスが開通した時には、ここの道路の中央で発車式のテープカットがあった(14頁参照)。この時の路線はU字形で、まだ循環運転ではなかった。その後に市電の車庫になった時の電停付近の架線は市電とトロリーバスとの共存のためにすごく複雑なので、観察するのが楽しみだった。

ここの少し北寄りの霜ノ下公園の所の横断歩道橋は撮影のための好適な御立ち台であった。今では浅間下の方を眺めると高いビルが多く建ち並び、浅間台の山は見られない。

遠望が素晴らしい。5系統の本牧三渓園前行き1510号。昭和44年6月28日

道路の先と両側の全てがビルで囲まれてしまった。街路樹の成長が目立つ。中央分離帯の緑も良いものだ。平成12年7月16日

◈　◈　◈

ここの車庫の敷地は狭く、それを有効に使うために電車を横に移動させるトラバーサーがあった。また車庫の脇の側線の架線を張るための鉄柱は十字形のセンターポール式になっていたのが印象に残る。

市電は部分廃止を繰り返して全廃された。各電停の脇の鉄柱には停留場名を書いた看板が付いていた。この看板のことを停留場標識と言っていた。市電の部分廃止の時には、撤去した停留場標識はすべて浅間町車庫に集められた。今ではここはバスの車庫として残ったが、西スポーツセンターと同居している。

横断歩道橋は昔ながらの位置にあるので定点撮影の場所探しは容易で助かった。その歩道橋の上に立って洪福寺の方向を見ると、道路の両側と行く手はマンションほかの高いビルに囲まれ、遠くの月見台方面の山は見られない。足元の左を見ると今から約30年前の写真と同じの民家があった。なんだか親しみを覚えた。

洪福寺前

←浅間町車庫前　←尾張屋橋

◈こうふくじまえ

街路も寺も様変りした

のんびりした八王子街道の昼下がりの風景。5系統の417号。昭和29年11月4日

道路の中央は共同溝の工事中であった。目に入るものはビルと自動車、そして工事現場ばかりであった。平成12年7月16日

ここは環状1号と八王子街道がT字形に合流する箇所であったが、今では相模鉄道の天王町駅前を経てJRの保土ケ谷駅西口に至る道路が広くなったので、十字形の交差点になった。この地点は浅間町の西のはずれで、保土ケ谷区に近い。

電停名に使われた洪福寺は交差点の角にあるので、この寺を知らない人はいないだろう。

市電は古くから間門からの5系統の終点で、浦舟町からの9系統の通過点であった。その後にトロリーバスも走るようになった。ところがこの停留場は市電とトロリーバスは仲が悪かった。停留場の位置は両者とも同じような所にありながら、その名称が市電は洪福寺前、トロリーバスは洪福寺であった。「前」が有るか無いかの差異である。この理由は判らない。

ここが市電の5系統の終点だった時は尾《お》張屋橋《わりやばし》の近くに折り返しのポイントがあった。吉野薬局の前である。折り返しのため停車が永いので撮影の好的地だった。今のバス停の尾張屋橋際の所である。

9系統が廃止されて安全島が移設された後の姿。5系統の1168号。昭和44年6月28日

上の写真と比較すると高層マンションが建ち、それにつられてか洪福寺の本堂も立派になったことが判る。平成12年7月16日

ここの交差点は車の通行量が激しく、左折または右折するのが特に多いので横断する人もいらいらする。

交差点付近は市電が走っていた頃から商店が多かったが、今ではマンションと商業ビルが多く建ち並んだので広い横の景色が縦の狭い景色になってしまった。永い間、ここのシンボル的な存在だった角の洪福寺も周囲の様変りにつられてか大きく存在感のある構えに衣変えをした。

この付近には誰でも知っている松原商店街があり、遠くから訪れる常連もあって賑わっている。この影響で交差点付近まで飲食店が多く、いつでも食事には事欠かない。横浜駅の西口へ行くにはバスが頻繁に走っているので、これも事欠かない。住み良い地域である。

市電の9系統が廃止になった後の5系統の終点の安全島の位置は、環状1号が交差点へ入る手前に移設された。

ここの市電は昭和43年9月1日に9系統が廃止され、翌年の7月1日に残る5系統が廃止されて永久に市電の姿は見られなくなった。5系統が最後にここを去ったのは1506号だった。

尾張屋橋
←浜松町　洪福寺前→

◈おわりやばし

特異な南端の道路の屈折

橋を渡るのは9系統の浦舟町行き1606号。昭和41年9月11日／写真：吉川文夫

橋上から洪福寺方面を見た写真で上のは浅間台の丘が良く観察できるが、今では丘の下はビルの洪水が押し寄せたようだ。平成12年7月20日

浅間町線の最後の区間の洪福寺前から尾張屋橋を渡って浜松町まで市電が開通したのは昭和5年10月1日だった。JRの東海道本線を跨ぎ市電が走る鉄橋は北から青木橋、平沼橋と完成し、この橋が最後で三本目のものになった。

この電停は橋上のために利用客が少なく急行運転の時には無停車であった。この電停に相当する今のバス停は橋の洪福寺寄りのたもとに存在し、名称は尾張屋橋際である。

橋の下には相模鉄道の西横浜駅があり、このすぐ西側の道路の地下を西谷《にしや》からの太い水道管が走っている。

橋上から北方を見ると市電が走っていた頃は浅間台の丘が一望できて、高い所に来た感じが深かった。今では高いビルが建ったので丘は低くなったように思われる。この橋は長い期間をかけて修繕されたのできれいになった。橋の西側は幅の広い線路敷のために遮るものが無いので、良く晴れた日には今でも西方に富士山が眺められる。

浜松町方面を見た写真。9系統の525号。昭和41年9月11日／写真：吉川文夫

上の写真では遠い丘の上に西中学校がはっきりと見えるが、今では橋の下の浜松町付近のビルで遠望は不可になった。平成12年7月20日

この橋の下をＪＲが走っている。古くは初代の横浜駅（現桜木町駅）でスイッチバックをして西へ走った旧線は、この橋の東側で今の線と合流している。またこの地点で帷子《かたびら》川の支流の石崎川が高島町のほうへと流れている。この旧線の跡は石崎川の南側の川沿いで、今では一直線にきれいにＪＲの社宅が並んでいる。ここは桜の名所だ。

尾張屋橋の南の近くに東海道が走るので、この橋の南端の下りの道路は左折、直線、右折を繰り返して浜松町の交差点に至る。この独特な道路の屈折はほかに例を見ない特異なものだ。空襲の時に米軍が撮影した航空写真を見ると、この特異な道路が写っているので場所が判別できるので助かる。しかしここの市電は左折してから距離の余裕が無いのできつく、楠町と同様に速度を落して運転していた。

橋上から南方を見ると、市電が活躍していた時は高いビルが無いので遠くに西戸部や久保山の丘が目に入った。丘上の西中学校は視界でのシンボルだった。今では高層のマンションや企業のビルが視界を妨げ、味気ない風景になってしまった。

岡野町
おかのまち
浅間下
平沼橋

目を見張る岡野新田の変貌

平沼橋上からの景色で浅間台の全容が見える。昭和44年6月29日

今では見渡す限り高層ビルの林になってしまった。電柱は無くなってさっぱりしたが、どうしたことか街路樹も少なくなってしまった。平成12年7月16日

市電の平沼線の浅間下と高島町との間は昭和5年6月25日に開通した。開通した頃は間門からの7系統が走っていたが、10月1日から5系統に変更された。急行運転の時にはこの電停は停車した。昭和38年12月1日に上りの安全島が移設されている。

この辺りの一帯は古くは石崎付近からの入江であり、それを岡野良親氏が埋め立てたのが岡野新田であった。その後にここを通り新田間川を渡る横浜道が作られ、浅間下の付近で東海道の旧道と合流していた。

ここの交差点から横浜駅西口への古い道路は東急ハンズの前を通り、南幸橋を渡って高島屋の裏口に出る細いものだ。同方向の広い、バスが走る道は後から作られた。この古いほうの道路は昔は住宅が建ち並び、通行人は朝夕の工員と女学生だけの寂しいものだった。今では若い者向けの商店が軒を連ね、人が溢れて活気に満ちている。

新横浜通りのほうは横浜駅の西口に近いために高いビルの集合地のようになり、風景は一変してしまった。近くに岡野公園と西公会堂があり、昔の岡野新田は想像もできない。

平沼橋

←平沼町　岡野町→

◆ひらぬまばし

ここは休止のまま廃止に移行した

軌道修理の時の写真。走っているのは5系統の洪福寺前行き1506号。昭和44年6月15日

修理した平沼橋は立派になった。ここは車の通行が激しいのに一台も無い風景の写真は珍らしい。橋の高さと競うように両側はビルになってしまった。平成9年7月23日

この橋はＪＲと相模鉄道の鉄道線のほかに帷子《かたびら》川を跨いでいる。ＪＲのほうの旧線はここから南方の石崎川沿いを走っていた。今の線路の前身は日清戦争の時の軍用線である。それが時代の変遷による推移で、今では本線になってしまった。相模鉄道のほうはこの橋の西下の踏切りの付近が終点の平沼橋駅であったが、同駅は今では西へ移設されている。

ここの踏切りの道が横浜道《よこはまみち》（１２８頁参照）の遺跡である。また踏切りのすぐ西方で線路に沿った南側の細い道路が湾曲している箇所があり、橋上から良く観察できる。この湾曲の箇所が国鉄の旧平沼駅のあった遺跡で、今では高いマンションが建ってしまった。

ここの市電の電停は急行運転の時は無停車であった。そして橋上の軌道の移設を伴った修理のために昭和43年5月20日から電停は休止になった。その後に復活することは無く、休止のまま路線の廃止に移行してしまった。今はバス停は無い。

この橋は永い期間にわたって架け替えの工事をしていたが、平成９年４月１日にアーチ形の美しい橋が完成した。その時に下の開かずの踏切りの援助のためにエレベーターが設置された。

平沼町

平沼町
↑高島町　↑岡野町

◈ひらぬまちょう

平沼駅はいずれも短命

目に映るものは鉄橋と市電だけだ。5系統の426号。昭和24年8月12日

高層ビルの中から京浜急行の電車が飛び出すように走っている。ここは横浜駅の東口に近いのでビルはマンションが多い。平成12年7月16日

この付近は明治9年(1876)に平沼九兵衛が埋め立てた平沼新田であった。ここを走る京浜電気鉄道(現京浜急行)は昭和6年12月26日に開通し、その時に平沼駅が開業した。

戦時中に駅間距離の短い所は駅を廃止することになった。これによって同駅は昭和18年7月1日に休止、翌年の11月20日に廃止になり、その後の空襲で駅舎は焼失した。よく、焼失したので廃駅になったと言われるのは誤りである。前述の平沼橋の欄で触れたが、どうも平沼駅と言うのは短命の宿命を持っているようだ。この廃駅の遺跡はホームとその上のアーチ形のアームがあったが、今ではホームだけが残っている。

ここの新横浜通りの西側に並行して走る道路は横浜道(128頁参照)の遺跡で、今では賑やかな商店街になっている。平沼橋への登り坂の右下には古くから同潤会のアパートがあった。当時は高い建築物は皆無だったが、今ではどの方角を見ても高いビルの林になってしまった。

この電停は急行運転の時には停車したが、昭和18年9月1日から通過となった。今のバス停名は平沼一丁目である。

高島町

←花咲町　平沼町→

◆たかしまちょう ②

今では新横浜通りにバトンタッチ

遠くに京急の鉄橋が見える。5系統の間門行き1166号。昭和43年4月21日

上の写真と比較して変貌が激しい。左手前のビルには高島ホテルの看板が見える。その奥ではビルの建設中である。バスは市電の5系統の代替えの101系統。平成12年7月23日

市電が高島町から浅間下まで開通したのは昭和5年で、これを平沼線と言った。市電は高島町の交差点を通過すると高島橋を渡り平沼へ入る。この路線の最初は間門と浅間下の間を結ぶ7系統が走っていたが、すぐに5系統に変更された。その後に浅間町、次いで洪福寺前まで走るようになった。ここの下り線の安全島は市電の撮影の好適地でよく写したのが想い出だ。

今では市電が走っていたこの道路は新横浜通りと名づけられ、掃部山公園付近の下の桜川を埋め立てて作った桜川新道と交差点で直結する形になって通行量が多いものになった。

この辺りから先は平沼新田のあった所で、すぐ西側を並行して走る道路は古い横浜道の名残りだ。

古くはここに国鉄の二代目の横浜駅があった関係で旅館が散在していたが、今ではビル化した高島ホテルがあるだけになった。道路の両側は高いビルが林立し、横断歩道橋の下の遠くには改築された平沼橋が見える情景になってしまった。京急の鉄橋は車で遮られて見られない。

←横浜駅前
高島町
←戸部警察署前

◆たかしまちょう

③

古い電停名は横浜ステーション前

神奈川線の左折の路線は切断されている。3系統の左は1329号、右は1305号。昭和46年1月15日

この道路は交差点を過ぎると大きく右折して保土ケ谷方面に向う。右の大きな日立のビルは良いシンボルになった。平成12年7月23日

市電の西戸部線が戸部橋から僅かの距離の二代目の横浜駅まで延長されたのは大正5年（1916）であった。この駅前の電停名は市民から募集された。しかし結果的には大きな建造物である駅があって場所が悪かったのか、平凡な横浜ステーション前に決定した。横浜はどうも英語が好きなようだ。

この二代目の横浜駅は東洋風で立派であったが、駅前を高島貨物駅と程ケ谷《ほどがや》駅（現保土ケ谷）とを結ぶ高架の貨物線が横切っていたので美観を損ねていた。

ここは平沼線も分岐しているので四差路の交差点であるが、正しい十字形の交差ではない。そのために今でもここの交差点は広いのが特徴だ。国鉄の鉄橋下から分岐して保土ケ谷線に入るまでは複雑なポイントを通過するので慌ただしかった。今ではバイパスの地下道路が完成した。

古くは角に木造三階建ての旅館があったが、今では日立の大きなビルが建ち、付近にはマンションも増えて立体感が出てきた。近くには空襲の被害から免れた神奈川都市交通の古いスタイルのビルが今でも健在で歴史的建造物になっている。

戸部警察署前

←高島町　→西平沼橋

◆とべけいさつしょまえ

今は戸部橋も桜橋も姿を消した

3系統の最終日の装飾電車1303号。昭和46年3月20日／写真：三神康彦

ここの道路幅は広くなり、中央に横浜駅方面への地下道路の入口が作られた。道路の北側には高層マンションが建っている。ここは警察署、旅館などがあり、人通りは少ない。平成12年9月2日

この電停名は古くは戸部橋であった。会社時代の大正2年（1913）2月21日に西戸部線の日本橋と戸部橋の間が開通した。この線は後の久保山線と保土ケ谷線で、日本橋は後の浦舟町の付近である。大正4年（1915）に二代目の横浜駅が高島町に開業したので、市電は同駅前まで延長になった。

ここの電停名は改称が多く、市営になった頃は戸部六丁目、次いで昭和3年には桜橋、昭和26年には石崎町になった。ここは山元町まで走る3系統が走っていた。この3系統には伊勢佐木町と言う電停があったので、「いしざきちょう」と「いせざきちょう」とで混同しやすかった。その後に電停は少し西に移設し、電停名はさらに昭和41年に戸部警察署前になった。今のバス停名も同じである。

ここは東海道と古い横浜道とが交差する場所で、戦前は近くに桜橋市場があって賑わっていた。近くの桜川を埋め立てた後に市電が渡った戸部橋も撤去された。

この付近は市電が走っていた頃は住宅、旅館、銀行、警察署などが建ち並んでいた。今では道路は拡幅されて高島町方面からの地下道路の出入口が作られ、高層マンションが多く風貌は一変した。

西平沼橋

←戸部警察署前
←西区役所入口

◆にしひらぬまばし

市電が渡らない幻の橋だった

京急の戸部駅のホームが見える。3系統の山元行き1514号。昭和26年7月29日

道路の中央は共同溝の工事である。高いマンションやビルが並んだので戸部駅のホームは隠れてしまった。平成12年9月2日

ここは東海道と横浜駅根岸道路が交差する地点で、近くに京浜急行の戸部《とべ》駅がある。保土ケ谷線の前身と言える西戸部線が開通した頃の電停名は平戸橋であった。この平戸橋は石崎川に架かる西平沼橋の東側の橋で、昭和3年に電停名は西平沼橋に改称されている。

ここは山元町へ走る長者町線との分岐点であった。ポイントの分岐の操作をする職員の削減を図って、戦前から下り線の安全島ではポールの付け替えでポイントの操作をしていた。これと同じ装置は青木橋の交差点にもあった。

この電停の位置は交差点の各方角にあったが、昭和40年に上り線の安全島を戸部駅の付近に集約して相対式になった。その後に浜松町にかけての東海道の拡張工事が始まり、今では共同溝の工事中である。市電が走っていた時の電停の位置のバス停は今では戸部駅前になった。しかし旧電停の名称の西平沼橋は交差点の浜松町寄りにバスの停留場として現存している。交差点の名称は西平沼で、ここでは「橋」の名称は嫌われている。

◈ ◈ ◈

この電停から分岐する長者町線は最初は昭和3年7月12日に野毛坂まで開通し、この時の運転は11系統だった。その後に12系統になり、昭和4年に山元町までの運転になった時は4系統だった。その後に3系統になり、昭和5年からは生麦からの運転になった。開通してから約2年間は西平沼橋は長者町線の起点であったために、この電停には折り返しのポイントがあった。このポイントが撤去されたのは遅く、昭和10年頃だったと思われる。

昭和初期の計画では上り線で説明すると、長者町線はここで直進して西平沼橋を渡り右折して道路を直進し、横浜駅前へ出る予定であったが、実現しなかった。そのために、ここの西平沼橋と平沼町の先の浅山橋は橋上に市電の線路が敷設されていたのが印象に残る。とうとう市電が渡らなかった幻の橋になってしまった。

この付近は空襲の被害が大きく、焼け跡に目立つものは京浜急行の戸部駅のホームと鉄橋、それに戸部警察署の建物だけだった。交差点の付近は少しの商店と住宅があるだけで寂しかった。今では道路は拡張され、移転した戸部洋裁学院のビルが建ち、駅が近いために高層マンションが多く、別世界を見るような変貌になってしまった。道路がこんなに広くなると路面電車が欲しく思うのは勝手だろうか。

道路の北側で停車中の市電は1系統の生麦行き307号。昭和25年2月5日

上の写真ではビルは無かったが、今では駅が近いので高層なマンションのビルが集中している。平成12年9月2日

浜松町
西区役所入口
水道道

◆はままつちょう

現存はガソリンスタンドと交番だけ

市電は交差点を渡る4系統の保土ケ谷橋行き1502号。昭和43年4月14日

西区役所入口の方を見た写真で、交差点の角には大きく高いマンションが建った。バスは車庫へ行く回送車。平成12年7月20日

ここは西戸部線（後の久保山線）が開通した頃の電停名は塩田とされている。この付近は塩田があって松が生えていたので後に地名が浜松町になった。

ここから昭和3年5月15日に久保町まで開通し、間門からの4系統が走るようになった。さらに昭和5年10月1日にはここと洪福寺前との間が開通し、十字形の交差点になった。この時から久保山線を9系統も走るようになった。

ここの保土ケ谷線と久保山線が分岐する箇所の安全島の手前には折り返しのポイントがあった。この電停で折り返す市電は無かったのに、どうして設置されていたのか不思議でならなかった。おそらく補充車か早朝のお召し電車の折り返しに使われたのだろう。このお召し電車とは、始発電車の出発前に乗務員を集めるために特別に走った電車のことだ。

ここの交差点はやや変形な十字形で渡り線もあったので広かった。市電が無くなっても交差点の形態は変化が無い。角のガソリンスタンドと反対側の角の交番は現存している。

あとは高層マンションの林立になってしまった。天気の良い日には今でも交差点から遠くに富士山の頂上辺りが目に入る。

久保町

◈くぼちょう

ここは国道と程ケ谷道の合流点か

静かな住宅街で停車する市電は4系統の保土ケ谷橋行き1513号。昭和44年6月29日

浜松町方面を見た写真で、この付近の住宅地にも高層マンションの波が押し寄せて来た。古い程ケ谷道との合流点と思われる場所は写真の右のほうである。平成12年7月20日

市電の保土ケ谷線は昭和3年5月15日に浜松町と久保町の間が開通した。町名は久保山の久保をとって名づけたと言われている。急行運転の時にはこの電停は停車した。

ここの電停の所で藤棚商店街からの道路が斜めに合流する。合流する付近はニコニコ商店街だ。この道は戸部一丁目で横浜道から分岐し、くらやみ坂を通って保土ケ谷に至る古い程ケ谷道の遺跡ではなかろうか。どうもそのような気がしてならない。

この道は戸部や藤棚からの近道で、ここは買物や食事には事欠かない。

ここで北側を走るJRの東海道本線はこの国道に接近する。また同線の路線敷地の南側には尾張屋橋の下付近からこの付近まで旧線の敷地跡が見られる。

この付近は市電が健在の頃はほとんどが住宅で、商店や町工場が点在していた。最近では相模鉄道の西横浜駅に近いことと商店街があるので高層のマンションが建ち始めた。

西久保町

←保土ケ谷駅　→久保町

◆にしくぼちょう

市電が国鉄線を止めた所

保土ケ谷駅構内の貨車が懐かしい。市電は4系統の1164号昭和44年6月29日

今では保土ケ谷駅は貨物扱いはしていない。そのほかの変化は城のような高層マンションの出現と横断歩道橋である。平成12年7月20日

ＪＲの東海道本線の北側に旧東海道の道筋が走り、南側には道路が無かった。昭和初期に南側に国道が作られた。当時の土木用の機械は貧弱だったためだろうか、完成は遅かった。この少しずつの完成に合わせて市電の路線も小刻みに延長された。

前述の久保町から西久保町までは昭和４年４月５日に開通した。開通した時の電停名は道上であった。当時は間門からの６系統が走ったが、その後に４系統に変更された。その後の昭和11年に電停名を西久保町に改称した。急行運転の時には無停車であった。

この付近は古くから国鉄と市電が速度こそ段違いながら、競合する見応えのある場所だった。この電停付近で昭和29年10月30日に保土ケ谷駅方面から走って来た市電の５４３号が脱線し、当時の国鉄の下り線の上まで暴走する事故があった。

この国道の南側は丘が迫っているので古くから住宅が無く、僅かに杉山神社と安楽寺があるだけだ。反対のＪＲ線の北側には高層マンションが建って好対照だ。住民のために線路を跨ぐ長い横断歩道橋が作られた。もうこれ以上は風景は変らないだろう。

保土ケ谷駅

←西久保町
←保土ケ谷橋

◆ほどがやえき

電停名に「前」が無い珍名だった

戦前に撮られた写真で、よく見ると女性車掌だ。4系統の429号／写真：臼井茂信

ここは立地条件があまり良くなく、高層マンションだけが建っただけで変化は無い。裏山の樹木が成長したので山は高くなったように見える。平成12年7月20日

JRの保土ケ谷駅は古い駅で明治20年（1887）7月11日に初代横浜駅（現桜木町駅）から国府津《こうづ》まで開通した時に開業した。当時は程ケ谷駅であったが、昭和6年10月1日に保土ケ谷駅に改称した。この駅は永い間、北側に旧東海道の道筋が通る側の表口にしか出入口がなく、昭和になって南側に国道が完成した時に裏口が完成した。

市電のほうは前述の道上（後の西久保町）から保土ケ谷駅まで開通したのは昭和5年12月28日であった。開通した時の電停名は程ケ谷駅で、保土ケ谷駅裏とも保土ケ谷駅前とも言われているが確証が無い。その後の昭和7年に保土ケ谷駅に改称され、これが廃止の時まで続いた。電停名は駅前なのに名称の末尾に「前」が付かない保土ケ谷駅であったことは珍らしかった。今のバス停名は保土ケ谷駅東口である。

国道の北側は今でも大きな変化は無く、商店が現在も軒を連ねている。反対の南側は丘が迫っているので、昔は鎌倉ハムの建物と一列に並ぶ住宅しかなかった。今では鎌倉ハムの跡には高層マンションが建った。隣には県税事務所のビルがあり、そこが広いバスの乗場になっている。

保土ケ谷橋

←北永田　保土ケ谷駅→

◆ほどがやばし

戦後初の路線の建設で心が躍った

保土ケ谷線の廃止直前の姿。4系統の1172号。昭和45年6月29日

左側にあった商店の姿は無く、駐車場になっていた。そのほかはあまり変化は無い。ここは保土ケ谷駅に近いので便利な所だ。平成12年7月20日

永い間、保土ケ谷駅が終点だった市電は戦後に初の路線の延長があった。それは保土ケ谷駅から保土ケ谷橋までの短い距離で、市電の路線の建設を見るのは初めてなので心が踊った。この頃はまだ建設器具は貧弱でダンプカーも無い頃なので、市電の無蓋貨車が土砂やレール、枕木、敷石などを運んで活躍していた。この区間が開通したのは昭和29年5月10日だったが、派手な開通式は無かった。

ここの北側でJR線が大きく右折する箇所に踏切りがある。この踏切りを渡って国道に出る細い道が旧東海道である。この先が程ケ谷の宿場であった。

この電停付近は環状1号の道路が分岐しているので三差路の交差点になっている。前述の保土ケ谷駅付近からこの地点付近までの国道の両側の街並みは市電時代から大きな変化が無く、永田の丘にマンションが少しあるだけだ。JRの保土ケ谷駅が近いのに、今後も急速な景色の変化は無いだろう。市電の保土ケ谷線の廃止の最後日の夜には、ここの電停で地元の人達によるお別れ会があって、私も終電車を見送った。ここは市電の生涯の建設と終焉を見たので感激が深い。

北永田

←南太田四丁目　保土ケ谷橋→

◈きたながた

変ったのは坂上の高速道路橋だけ

坂を登り切った市電は1系統の弘明寺行き1310号。昭和43年8月18日

坂の上はタクシー会社の平和交通の営業所と駐車場になっていた。その上には高速道路橋が横断している。平成12年7月20日

保土ケ谷橋付近から井土ケ谷に通じる環状1号の道路はそんなに古くなく、いつ開通したのか私には記憶が無い。市電のほうは井土ケ谷線の保土ケ谷橋から通町一丁目まで開通したのは昭和31年4月1日であった。結果的には市電の開通はこれが最後であった。開通日とその翌日の両日に限って電車とバスから電車への開通記念乗継優待券を発行した。この記念の乗換券の発行は全国でこの一回だけの珍らしいものであった。

市電は保土ケ谷橋の電停から左折して井土ケ谷切り通しの一直線の急坂を登る。道路の両側は崖が迫っているので住宅はまばらで、坂の頂上付近は何も無かった。

今ではマンションが少し建ち、頂上付近にはタクシー会社の営業所があり、頭上を首都高速神奈川3号狩場線の道路橋が走り、風景に少し変化が出てきた。

北永田の電停は坂を越して少し下がった所だ。この付近は住宅地で商店が少なく、静かな環境だ。市電の路線の建設中に撮影に来た場所で思い出すと懐かしい。

この辺りは古くは助郷の村で、大名行列が宿場を通る時に人馬の応援をした所であった。

井土ケ谷駅前

南太田四丁目
井土ケ谷

◈いどがやえきまえ

京急の鉄橋は活気と静寂の境

市電は1系統の弘明寺行き613号。昭和42年7月2日／写真：吉川文夫

ここの変化は鉄橋に書かれていた案内が消えただけであった。ここは京急がひっきりなしに鉄橋を渡るせいか落ちつきがない。平成12年7月20日

井土ケ谷線が開通する前日の昭和31年3月31日には京浜急行の井土ケ谷駅の前の道路の反対側の所に広い空地があって、そこにテントを張って開通の式典を挙行した。そしてこの電停の所で当時の平沼市長がテープカットをした。この時に走った花電車は珍らしく和風建物をなぞらえたものであった。

その後に前述の式典をした空地に井土ケ谷公団アパートが建った。今でもこのアパートは健在だが、名称が公団井土ケ谷住宅となった。時代の推移のためか、名称からアパートと言う言葉が嫌われて住宅になった。名称にも今昔があることを知った。

京浜急行の鉄橋は市電が活躍していた時のものが現存しているが、鉄橋に書かれた案内が消え、保線用の小さな側橋が付いたので少し様変りした。

ここは駅前なので駅の南側の通町方面は昔から商店が多かったが、今ではさらにマンションやコンビニエンスストアが増えて賑やかで活気に満ちている。反対の駅の北側の永田方面は住宅が多く商店はまばらで静寂なので鉄橋の南北で良い対照になっている。

通町一丁目

鶴巻

通町三丁目

◈とおりちょういっちょうめ

開通の祝賀電車は子供で満員だった

保土ケ谷橋の方へ走る祝賀電車の1156号。昭和31年3月31日

ここの交差点から井土ケ谷方面にかけては高層マンションの連立になってしまった。永田方面の丘は見られない。平成12年7月30日

保土ケ谷方面からの環状1号の道路は大岡川に架かる鶴巻橋を渡って鎌倉街道とここでT字形に交差している。

鎌倉街道の方を走る市電は会社時代の大正3年（1914）9月19日にお三の宮と弘明寺の間が開通した。その当時は大岡川に沿って走るので大岡川線と言われたが、後に弘明寺線と呼ばれることになった。

この電停名は開通した時には大岡であったが、昭和3年に通町一丁目に改称された。急行運転の時にはこの電停は停車した。

井土ケ谷線の開通の前日には保土ケ谷橋と弘明寺との間に2両の無料の祝賀電車が走った。その時は学校の春休みだったので電車は子供で満員になった。

ここの電停付近は古くから商店が多くて活気があった。今では環状1号も鎌倉街道も共にマンションほかの高層のビルが多く、遠くの永田方面の丘は見られなくなった。時代の推移が感じられる。市電の走る音を聞きながら営業していた交差点の角の村越寿司は今も健在だった。

野毛大通
のげおおどおり

←野毛山遊園地入口　→桜木町駅前

昔の浅瀬が大発展した

最終日に走る市電は8系統の葦名橋行き1516号。昭和47年3月31日／写真：三神康彦

高いビルの連立で、右は税務署の跡地に建設中のマンションだ。その左はマンション、場外馬券売場のビルと続いている。平成12年9月10日

この辺りは古くは浅瀬が突き出た野毛浦と言った所だ。ここを平戸桜木通りが走り車の通行量が多い。この道路と新横浜通りが交差する所に、桜川に架かる緑橋があったが電停名は桜橋であった。急行運転の時にはこの電停は無停車であった。

その後に桜川は埋め立てられ緑橋は撤去されたので、昭和30年に市電の安全島は少し西へ移設し電停名は桜木町駅前に、更に昭和32年には野毛大通に改称されている。ここの道路は前述の通り平戸桜木通りであるが、地元では馴染み易い野毛大通りを掲げ、電停名もそれに従ったものであった。今のバス停名も同名である。

この電停は通過点であったが、昭和24年と同31年には折り返しのポイントを作って杉田への発車の起点になったことがあった。

ここの道路の両側は昔から商店が連立していた。今ではビルが多くなった。古くから近くのシンボルは中税務署のビルであったが、今では跡地に高層のマンションを建築中である。ＪＲや東急東横線の桜木町駅やＭＭ21地区に近いので、まだ発展するだろう。

野毛山遊園地入口

↑野毛大通
↓日の出町二丁目

◈のげやまゆうえんちいりぐち

大道芸を一度は見てください

これも最後日に走る市電で8系統の1157号。昭和47年3月31日

道路の南側の写真で、すっかりビル一色になって昔の面影は無い。土・日曜日になると目の色を変えた競馬ファンの流れに驚く。平成12年9月15日

ここは平戸桜木通り（地元では通称野毛大通り）と野毛山から下る野毛本通りとが交差している。ここの電停名は野毛町であったが、昭和26年に野毛山遊園地入口に改称した。今のバス停名は野毛町である。急行運転の時には無停車であった。

野毛本通りは古い横浜道《よこはまみち》の名残りだ。終戦直後はこの道の両脇には露天商が多く並び大変な賑わいであったが、今では過去のものになった。

京浜急行の日ノ出町駅は特急が停車しない。東急の東横線の桜木町駅はＭＭ21線が開通すると廃止されることになっている。野毛町では特急の停車の要望と桜木町駅の廃止反対の運動をしているが、期待が持てない。そこで町の活性化を図るために野毛大通りで毎年、春秋に野毛大道芸を開催し、「まちなみ賞」を受賞した。

この付近は戦前には商店が多かった。特に交差点の角に結城屋と言う大きな酒問屋があったのが印象に残る。今はパチンコ店になってしまった。今ではどの方角を見てもビルが乱立している。特に北側には場外馬券売場の関係のビルが多く、土・日曜日は洪水のような人の流れに驚く。

日の出町一丁目

←野毛山遊園地入口
←日の出町二丁目

◈ひのでちょういっちょうめ

"日本一"の市電が発車した所

市電は6系統の桜木町行き1001号。昭和44年9月29日

走るバスは代替えで循環運転の76系統の滝頭行き。道路の南側に高いビルが見えるが、北側はビルが連立している。鉄橋上に作られた京急のホームが見える。平成12年8月27日

野毛坂が終点だった長者町線は昭和3年11月7日に、この電停を通り長者町五丁目まで延長され山元町まで走ることになった。また、同年12月28日には吉野町三丁目からこの電停まで開通し、ここに折り返しのポイントが作られた。さらにその翌年7月10日には桜木町駅前からも開通し、この日の出町線が全通した。

京浜急行の日ノ出町駅が開業したのは昭和6年12月26日だった。同駅の名称は日ノ出町駅だが、旧市電と今のバスとの停留場の名称は日の出町一丁目で「ノ」と「の」の違いが生じている。

戦前は朝夕に本牧一丁目と日の出町一丁目間に学生電車と書いた札を付けた麦田車庫の補充車が走った。乗務員は両端の電停名をもじって"日本一"と言った。私は旧制中学の通学時にはこの日本一の市電を愛用した。この市電が前述の折り返しのポイントを使用した。

周辺はビルが建ち並び、京急の同駅は鉄橋の上までホームが延長された。近くの大岡川沿いには旧鉄道院の根岸線の計画倒れになった線路の敷地の跡が細い二本のS字形の道路となって残っている。

最終日に走る装飾電車。6系統の1512号。昭和47年3月31日／写真：三神康彦

初音町

◈はつねちょう

←日の出町二丁目
←前里町三丁目

①

どうして黄金町駅が起点だったのか

前里町方面を写したもので、計算機の販売のビルが健在だったので定点対比の地点になった。家並みはほとんど変らない。平成12年7月22日

ここは平戸桜木通りと藤棚浦舟通りとの交差点だ。近くに京浜急行の黄金町《こがねちょう》駅がある。京浜急行の前身の湘南電気鉄道が同駅を起点として浦賀まで開通したのは昭和5年4月1日だった。どうしてこの位置を起点にしたのか疑問を抱かれるだろう。

大正の初期に国鉄は桜木町駅から大船まで路線を延長する予定で、大岡川の北側に沿って建設用地を確保していたが実現に手間取っていた。湘南電気鉄道はこの用地を通って桜木町駅を経由して横浜駅までの延長の案もあったようで、さしあたり黄金町駅からの開通になった。その翌年にこの用地の一部を譲り受け、日ノ出町駅からトンネルを通って横浜駅への延長となった。黄金町駅では空襲の時に多くの犠牲者が出ている。

この平戸桜木通りは駅が近いので昔から商店が軒を並べていたが、今ではその間に商業ビルが混在するようになった。戦前には交差点の近くの銭湯の隣に私の叔父が下駄屋を開いていたが空襲で罹災した。定点対比の写真撮影に行った時には銭湯と叔父宅の跡は空地になっていた。そこには何が建つのだろうか。感無量であった。

本町四丁目
←相生町 本町一丁目　桜木町駅前→

◈ほんちょうよんちょうめ
①

ここからビジネス街が始まる

戦前の生糸検査所の付近を走る8系統の228号／写真：臼井茂信

昔はこの場所が本町四丁目で、万国橋線の岐れる所であった。この道路の下はMM21線の建設工事中である。旧横浜銀行の建物は仮移設のために姿は無い。平成12年7月29日

この本町線の桜木町駅前から山下町までは昭和3年12月3日に開通した。今のバス停の本町四丁目の所は本町通りと関内大通りがT字形に交差している。ここの初期の電停名は本町三丁目であって、昭和5年に本町四丁目に改称している。

初期の本町四丁目はここから少し桜木町駅寄りの馬車道と万国橋通りが始まる所であった。今の横断歩道橋がある位置である。ここから市電の万国橋線が分岐していたが、赤字路線だったので開通して1年で廃止され短命であった。ここの交差点の近くには赤レンガ作りの旧生糸検査所のビルが健在で、今は横浜第2地方合同庁舎になっている。また隣りにあった横浜銀行の風格のある建物の保存は決ったが、MM21線と道路の工事のために仮移設されている。

さて話は複雑だが、今の本町四丁目の交差点に戻すことにする。この付近にMM21線の北仲駅(仮称)が開業する予定になっている。ここで戦前から目立つビルは空襲の被害が無かった若尾ビルだったが、建て替えてきれいになった。この付近から県庁方面にかけてビジネス街が始まる。

本町一丁目

←本町四丁目
←日本大通県庁前

◈ほんちょういっちょうめ

平日は活気に溢れ、休日は寂しい街

横浜名所を走る市電は8系統の葦名橋行き1305号。昭和45年7月5日

本町通りは古くから企業や銀行のビルが建ち並び、ビジネス街の風格があった。ここでは風格の漂う住友銀行のビルが印象的だ。今では更に高層ビルも加わり道路は谷間のようになった。ここはビジネス街のために休日は通行人が途絶え、飲食店が少ないので寂しい風景に変身する。ここの道路下はMM21線の工事中なので、歩いていても落ちつかない。

この付近での代表的な建物は大正6年（1917）に開港50周年を記念して建てられた開港記念横浜会館である。白い花崗岩と赤レンガが美しいネオ・ルネッサンス様式で、異彩を放っている。平成元年の市政100年の時にドームと屋根が建設当時の姿に復元されている。この会館の前を、今の本町通りと十字形に交差するように市電の税関線が海岸通りのほうへ明治38年（1905）から単線で走っていた。この線は昭和3年に廃止された。

この電停は急行運転の時には停車した。その後に休止されたが、昭和32年に復活している。

会館の近くには大きな高いビルが建った。電柱の無い風景は良いものだ。道路の中央はMM21線の工事現場。平成12年7月29日

日本大通県庁前

←本町一丁目
←薩摩町

◈にほんおおどおりけんちょうまえ

ここは貴重な産業遺産が豊富な所

バックは横浜商工奨励館。市電は8系統の1007号。昭和45年7月5日

手前のビルは日本新聞博物館で、その奥にはビルが連立した。道路の工事はMM21線の建設現場である。平成12年7月29日

税関線が廃止されて半年後に桜木町駅前から山下町までの本町線が開通した。この山下町は昭和18年に県庁前に改称し、更に昭和33年に日本大通県庁前に改称している。この電停名は読みが最長である。今のバス停名は逆流（?）して、また県庁前になってしまった。

この道路下にMM21線の県庁前駅（仮称）が開業する予定になっている。かつては市営地下鉄の3号線が関内から山下町まで延伸する工事を始めたが、中止になってしまった。地下鉄関内駅の上下線のホームが上下の二層になっているのは、この遺跡である。

この電停の近くには話題が多い物件や建築物が多く、散策には事欠かない。県庁の敷地内には安政6年（1859）に開設した神奈川運上所の跡の碑がある。また明治12年（1879）にブラントンの設計で完成した日本大通りがある。この日本大通りに面して昭和4年に竣工した横浜商工奨励館は内部を改装し、その後に高層ビルを併設して日本新聞博物館になった。横浜港郵便局は古い歴史を誇っている。旧イギリス領事館は横浜開港資料館になった。そのほかに開港広場、大桟橋、山下公園などが揃っている。

本町四丁目

←相生町・本町一丁目　桜木町駅前→

◈ほんちょうよんちょうめ ②

ここは各社のバスが走る展示場

市電は13系統の桜木町駅前行き1101号。昭和46年5月16日

尾上町方面を見た写真で、右の看板が付いたビルが古典的な東京三菱銀行。ここから遠方へと高層ビルが並んでしまった。平成12年10月14日

羽衣町線の尾上町と本町三丁目の間が開通したのは昭和3年10月25日だった。その後の昭和5年に本町三丁目は本町四丁目に改称された。ここで本町線とT字形に交差するが、本町線の開通のほうが遅かった。

ここは戦前から弘明寺との間を走る10系統の起点であり、これは運転距離が最短の系統であった。その後に循環運転の関係で通過の電停になったり、起点になったりを繰り返した。そのために安全島の移設が激しかった。

交差点の角の旧三菱銀行のビルは豊かな古典的な風格があって好きだった。今では金融機関の変遷が激しくて東京三菱銀行になったが、同行が反対側にも存在する関係でここは閉鎖になった。このビルの今後の行方が心配だ。

今ではこの周辺はビルの連立になった。ここの交差点を通過して関内大通りを走るバスが多いので、バス停は分離している。ここを走るバスは市バスのほかに京急、相鉄、神奈中と多く、まるで走るバスの展示場のようだ。

相生町

←尾上町　本町四丁目→

◈あいおいちょう

繁華街とビジネス街が背中合わせ

市電は13系統の葺名橋行き1410号。昭和44年1月7日／写真：三神康彦

上の写真のビルが今では最も小さいビルになってしまった。日曜日に撮影に行ったら自動車も通行人も皆無だった。街路樹が良く育った。平成12年7月30日

ここは関内大通りの本町四丁目と尾上町との中間である。電停名は太田町であったが、昭和29年に相生町に改称している。この付近の町名は南北方向の細長い地域で決められている。そのために東西方向に走る市電の安全島の位置が移設されると電停名も追従して改称することになってしまう。急行運転の時には無停車であった。今はこの電停の位置に相当するバス停は無いので、ご用心の程を。

ここは昔から本町通りのビジネス街の延長と言うような地域なので、特殊な商店や企業、銀行などが建ち並んでいた。今ではJRと市営地下鉄の関内駅が近いので企業が入った高層ビルが連立している。しかし休日は通行人も車も少なく静寂な街に変身する。定点撮影で街角に立ったら昔の五階建ての第一国際ビルは健在だったが、高層ビル群の間で窮屈そうだった。街路樹は大きく育ったので綺麗な街路になった。

ここで目立つものはナショナルショールームと横浜市民文化会館(関内ホール)の裏口だ。県立歴史博物館もほど近い。この道路と並行に走る繁華街の馬車道のほうに客足は向いてしまいがちだ。

尾上町

相生町

羽衣町

◈おのえちょう

②

交差点の下は地下鉄関内駅

昔の懐かしい公衆電話ボックスが写っている。左の市電は209号（絵葉書）

本町方面を見た写真で上の昭和初期の写真と比較したら全てが異変の風景だ。良く育った街路樹が彩りを添えている。平成12年7月29日

昭和3年に馬車道の交差点が尾上町へ移設され、これによって市電は吉田橋を渡らなくなった。馬車道の交差点は複雑であったが、尾上町のは道路は広く正しい十字形なのですっきりした。

ここには本牧線と羽衣町線とを結ぶ渡り線があって、戦前には生麦と弘明寺を結ぶ1系統と、六角橋と杉田を結ぶ6系統の足の遅いボギー車がゆっくりと渡った姿が思い出される。

戦後の昭和31年には循環運転が始まり、この渡り線を1系統（内廻り）と12系統（外廻り）が渡るようになった。

その後に市電が渡り線を走っている間の信号の停止の時間の節約を図る関係で、この系統は渡り線を使わないで本町四丁目の方を迂回しての運転になった。この時に1系統の安全島は信号を通過した後の位置に移設した。

関内大通りのこの付近は商店が並んでいたが、今では各種の企業の入った高いビルが長く続いている。交差点の下には地下鉄の関内駅がある。

羽衣町《はごろもちょう》

尾上町
長者町五丁目

◈はごろもちょう

この変貌は移りゆく人の世の縮図だ

下の写真と写した方角が違うが松屋の裏の焼け跡を走る1006号。昭和31年2月2日

日興証券の前を走る最終日の姿。13系統の葦名橋行き1509号。昭和47年3月31日

上の写真の日興證券は建て替えられて高い太陽生命関内ビルになった。その隣りの住友銀行ビルは健在だったが、そのほかは全て高いビルになってしまった。平成12年10月21日

この電停と尾上町の電停との間に羽衣橋と言う電停があったが、廃止になった。急行運転の時には羽衣橋は停車し、羽衣町は通過であった。この羽衣町は休止にされたことがあったが、昭和31年に復活した。今のバス停名も同じである。

戦前は道路の両側は住宅と小さな商店が混在していたが、この付近は空襲の被害が大きく、焼け野原がどこまでも一面に広がっていた。戦後は駐留軍の接収解除が遅かったために復旧が遅れた。この道路の北を並行して走る繁華街の伊勢佐木町通りのおこぼれで、最近は企業や商店、銀行、マンションなどの高層なビルが連立するようになった。

現況を見るかぎり焼け野原は想像もつかない。戦争は自然現象ではない。ここに移りゆく人の世の縮図を見るようだ。

長者様のお住いの町か

長者町五丁目

←曙町　羽衣町→

◈ちょうじゃまちごちょうめ

①

ポールとビューゲルとの市電が行き違う。左は822号、右は613号。昭和25年3月24日

尾上町方面を写したもので、上の写真と比較すると原野に近代都市が生まれたようだ。道路の中央の共同溝の工事が見える。平成12年8月27日

日の出町方面から山元町方面に走る横浜駅根岸道路と交差する地点が、この長者町五丁目だ。町名の長者は縁起を担いで付けたようだ。

この道路は昔から市電の1、6、10の各系統が走り、尾上町《おのえちょう》と共に重要な交差点であった。交差点の角には駐留軍の大きなカマボコ形の建築物があったが、これは集会場で兵舎ではない。この建築物は後に市庁舎の前の横浜公園の角に移設され、フライヤージムと名づけられた。

市電は昭和24年12月から三ケ月かけて集電装置をポールからビューゲルに取り換えた。その過度期の姿をこの交差点で粘って写したのが、上の写真である。

この周辺は横浜空襲でほとんどが焼失し、遠くに松屋が望まれた。今ではビルが建ち並び風景は一変した。皮肉にも松屋は解体されて今は無い。この道路に並行して走る伊勢佐木町通りは繁華街として賑わっている。

この道路は弘明寺方面へ直結しているために車の通行量が多く、バスも各社の多くの系統が走っている。この通りの中央部分は共同溝の造成中である。

曙町

←長者町五丁目
←横浜橋

◆あけぼのちょう

横浜にも日本橋があった

尾上町方面の写真で、市電は13系統の葦名橋行き1157号。昭和47年2月20日

上下ともに右手に銀行が写っている。看板を比較すると新旧なので銀行の対比写真になってしまった。遠くまでビルが並んでしまった。平成12年7月30日

会社時代の路線は下り線で説明すると、この付近で左折して新吉田川に出て、右折して新吉田川沿いに駿河橋まで走っていた。その途中に日本橋《にほんばし》と言う電停もあった。昭和3年にこの区間は北側に移設されて鎌倉街道を直進するようになった。当時の電停名は曙町一丁目であったが、その後に曙町に改称された。急行運転の時には無停車であった。今のバス停名も同じである。

日本橋と言う電停名は東京、横浜、大阪の市電にあった。東京と横浜は「にほんばし」であったが、大阪では「にっぽんばし」であった。

この付近でのシンボル的なものは横浜中郵便局である。ここは集配局のために、よく早朝から記念切手を買うために行列に並んだことがあった。この郵便局の隣接地は突然に空地になり、まだ現状維持の姿である。付近のときわ相互銀行は東日本銀行になった。その隣りの電気器具販売のL《エル》商会は定点撮影の時には健在であったが、その後にディスカウントストアのピカソに変わった。また伊勢佐木町の映画館のオデヲン座は駐留軍に接収されていたので、この電停の近くに仮設の映画館が作られたことがあった。ここも高層マンションの連立になってしまった。

吉野町一丁目

阪東橋
吉野町三丁目

◆よしのちょういっちょうめ

ここが大通り公園の始まり

阪東橋方面を見たもので道路の盛り上がりが駿河橋だ。市電は1007号。昭和44年5月18日

駿河橋は撤去されたので道路は平坦になった。道路の北側は高層ビルが建ち、南側は緑が多くなり、左右の対象が鮮明になった。平成12年7月30日

蒔田《まいた》公園付近で大岡川から岐れた支流の中村川は東へ流れている。京浜急行の黄金町駅の西隣りの付近から大岡川と中村川を結ぶ富士見川があって堀割川に直結していた。今ではこの富士見川は埋め立てられて細い緑地帯になっている。この埋められる前に鎌倉街道には駿河橋があった。市電は駿河橋を渡り左折して川沿いに中村橋まで走っていた。その後の大正2年（1913）9月14日に駿河橋とお三の宮の間が開通し、さらに昭和3年6月16日に吉野町三丁目と中村橋の間が開通したので駿河橋と中村橋の間は廃線になった。

この駿河橋は埋め立てのために消滅したが、この橋の場所が新旧の路線の分岐点であり、ここが新吉田川の始まりであり、大通り公園の始まりでもある。

この電停名は道慶橋通であったが、昭和3年に吉野町一丁目に改称した。今のバス停名も同じである。急行運転の時には無停車であった。

駿河橋の跡は橋の長さに合わせて道路を作ったので、今は広い十字形の交差点になったので驚く。道路の南側は樹木が茂って緑が多いが、北側は高層マンションの連立で良い対照だ。

吉野町三丁目

←吉野町二丁目
←お三の宮

◈よしのちょうさんちょうめ

伝統の老舗は今も健在だった

弘明寺方面を見たもので、市電は13系統の桜木町駅前行き511号。昭和44年5月18日

上の写真ではビルは横浜信用金庫だけであったが、今はビルの壁になってしまった。このビルの隙間に老舗の「おもや」は威厳を放って現存していた。平成12年7月30日

ここは鎌倉街道と横須賀街道が交差している。ここの電停名は南六ツ目であったが、昭和3年に吉野町三丁目に改称した。ここは昭和3年12月28日の吉野町三丁目と日の出町一丁目間の開通によって十字形の交差点になった。

ここは昭和5年から永い間、8系統の起点だった。この8系統は野毛町、桜木町駅前、山下町、浦舟町、睦橋を経て八幡橋までを走る循環運転であった。この路線の運転は市電全廃の日まで6・8系統で運転された。ここの下り線の安全島に何の目的なのか折り返しのポイントがあった。おそらく滝頭車庫からの10系統への始発と終車の操作のためのものだったのだろう。

ここの今のバス停名は吉野町駅前である。地下鉄の同駅への入口は銭湯の前に恥かしそうに設置されている。

ここの鎌倉街道は交差点から西側は街路樹が育って緑が多く静寂な風景だが、東側は街路樹が無いので風情が無い。この道路は地下鉄の駅に近いために高層マンションが連立している。北側には老舗の甘納豆屋の「おもや」は健在で、高いビルに挟まれて窮屈そうだ。

通町三丁目

←通町一丁目　←弘明寺

◆とおりちょうさんちょうめ

祝賀電車に乗った記憶はありますか

弘明寺の方を写したもので、井土ケ谷線開通の祝賀電車、1156号。昭和31年3月31日

今では見違えるような街路の風景になった。高層マンションが建ったのは地下鉄の弘明寺駅に近いためだろう。平成12年8月5日

お三の宮と弘明寺の間が開通したのは会社時代の大正3年(1914)であった。開通した時の電停名は中島であったが、昭和3年に通町三丁目に改称された。今でも町名に中島町は存在している。急行運転の時には無停車であった。電停の位置は鎌倉街道が少しカーブしている所だった。今のバス停名も同じである。

井土ケ谷線が開通した後は循環運転が始まり、1系統の内廻りと12系統の外廻りが通町一丁目と弘明寺の間を往復運転する形になった。そのために同区間は急に多くの市電が走るようになった。

隣りの通町一丁目辺りから弘明寺方面にかけては空襲の被害は無かった。市電が走っていた頃は住宅と商店とが混在し、街路樹は無かったので殺風景だった。それから約30年を経過した昨今ではマンションほかの高層ビルと商店が多くなり、その後に植えた街路樹は茂って都会風な趣きになった。

写真の井土ケ谷線開通の無料の祝賀電車に乗って喜んだ子供たちは、もう今では50才を過ぎているだろう。

弘明寺

通町三丁目

◈ぐみょうじ

商店街の北端と南端が共に弘明寺駅

弘明寺線の最終日は雨だった。終点に停車するのは10系統の527号。昭和43年8月31日

通町の方を望んだもので、現存するのは交番と遠くの横断歩道橋だけだ。マンションは通町の方に集中している。この道路の南側は商店が少ない。平成12年8月5日

横浜の地理に弱い人は弘明寺《ぐみょうじ》は読めないだろう。市電の系統番号は昭和3年7月12日から使用した。この時に弘明寺まで走った市電は生麦からの1系統と花咲橋からの9系統であった。この9系統は久保山線を経由した。その後の昭和5年に9系統は本町四丁目からの10系統に変更された。その後は1系統と10系統の活躍が長く続き、昭和43年の弘明寺線の廃止の時まで走った。昭和25年に降車停留場を新設した。この電停は浦舟町と同じく、予備車を1両留置していた。10系統は滝頭営業所の受持ちのために、今の交番の所に乗務員の詰所があった。

さて先に弘明寺について簡単に説明をしておこう。ここは真言宗の名刹で、坂東観音の第十四番札所の霊場である。弘明寺本尊である十一面観音像は行基の作と言われている古い寺である。京浜急行の弘明寺駅は朱塗りで寺院風に作られたが、昭和59年に味気無い橋上駅舎になってしまった。

今でも交番は同じ位置に現存するが、この付近は地下鉄の弘明寺駅に近いので高層マンションが連立し風景は一変した。

市電は12系統の534号で、後ろの市電は留置車。昭和24年8月8日

上の昭和24年の写真と比較すると興味が尽きない。定点撮影の醍醐味だ。あの当時の、あの店はどうなったか。ゆっくり観察してください。平成12年8月5日

弘明寺の信号から少し西に行った所に旧道入口と言う信号がある。ここで南西に細い道路が分岐しているが、これが旧鎌倉街道だ。戦後にこの付近の友人宅へよく遊びに行ったので、ここは懐かしい。その頃は今の新しい鎌倉街道はまだ無かった。この付近の僅かの地区は空襲で被災している。

この電停付近でのシンボルは横浜国立大学付属中学校と弘明寺商店街だ。共に空襲の被害が無かったので、学校は古い姿を残し、商店街は発展した。この商店街は京浜急行の弘明寺駅と適当な距離があるために通行人が多く、門前町として栄えた。市電廃止後は地下鉄の弘明寺駅が開業したので、さらに繁栄は加速した。商店街の北端と南端は距離が長いのに地下鉄も京急も共に同名の弘明寺駅なのは珍しい。

最近では大岡川に架かる歩行者専用の「さくら橋」が完成し、アーケードは改築され面目が一新した。雨の日でもゆっくり買物が楽しめる。商店街入口の付近はビルが連立し、弘明堂書店、隣りのタバコ店も健在だった。この商店街の影響で鎌倉街道の北側は商店が連立して人通りが多く、活気に満ちている。好対照なのは街道の南側で、警察署、学校、交番などの混在で人通りは寂しい。ここで人が多いのはバス停だけであった。

薩摩町

←花園橋　→日本大通県庁前

◈さつまちょう

町名は消えても停留場名に残る

市電は8系統の葦名橋行き1158号。昭和46年12月5日／写真：吉川文夫

上の写真のように、本町通りを走って来た市電は右折し、この通りに入る。バスは市電8系統の代替えの76系統の滝頭行きだ。平成12年9月9日

本町線が開通する前の税関線は、今の開港広場の所を走っていた。ここの電停名は英一番館前で、次の電停名は薩摩町通であった。税関線は震災でひどい被害があったが、山下町と花園橋の間は昭和3年に復旧した。この時の電停名は薩摩町になった。この町名の薩摩町は明治32年(1899)の町名変更で山下町に包含された。しかし街路名として存置する措置があったので薩摩町の名称は存続した。最近の住居表示施行で町名の「町」の字が削除されても、駅名やバス停名には存続しているのと同じものと言えよう。この例は高島町、岡野町などである。そのためか、ここの今のバス停名は薩摩町中区役所前である。市電の急行運転の時には無停車であった。

近くに横浜スタジアムと横浜公園があり、住居が不安定だった中区役所はビルを作って安住の地を得た。この付近は高層の賃貸ビルが多く、夜間は人通りが少なく寂しい。また、ここは中華街への近道になっている。

扇町

おおぎちょう

花園橋
長者町一丁目

カマボコ兵舎と市電は不釣り合い

浦舟町方面を写したもので、市電は8系統の1004号。昭和32年11月23日

上の写真で道路の両側の相違が良く判ると思う。約40年前と今の風景とを良く比較して見てください。想像もつかない変貌ぶりだ。平成12年7月29日

派大岡川に架かる花園橋が完成したので、昭和2年3月30日に花園橋と千歳橋との間の市電が開通した。この開通によって山下町方面への直通が完成したので便利になった。ここを走る市電は永く8系統であったが、廃止の頃は6・8系統であった。今の代替えのバスは判り易いように76系統(外廻り)、98系統(内廻り)になっている。急行運転の時には無停車であった。

この付近は空襲の被害が大きく、焼け跡が四方に広がっていた。この道路の北側には駐留軍のカマボコ兵舎が伊勢佐木町の近くまで設置され、異様な風景だった。カマボコ兵舎の脇を市電が走る光景は誰が見ても不釣り合いであった。この光景を写したが、貴重な写真になった。道路の南側は占領の難は逃れた。こんな状態だったので利用客が少なく、この電停は一時は休止されたが昭和31年に復活した。

この電停から南の中村川のほうに単線の引き込み線があった。これは空襲に備えての市電の疎開のためのものであったが、その効果については知らない。

長者町一丁目

←東橋　扇町→

◈ちょうじゃまちいっちょうめ ①

最初で最後の乗車に感激

浦舟町方面を写したもので、市電は8系統の葦名橋行き1204号。昭和45年7月5日

日産のビルが健在だったので定点が決った。大きい看板は助かる。手前のサンヨーのビルは姿が無かった。平成12年8月12日／写真:西村海香

ここでは大桟橋通りと横浜駅根岸道路が交差している。市電のほうは長者町線の3系統と、循環運転の花園橋線の8系統の交差であった。この両方の系統は古くから存在し、その後の変更は無かったのでこの系統で最後まで走った。またこの8系統が最後の廃止路線になった。

この交差点には三方に単線の渡り線があったが、ほとんど回送車しか走っていなかったので乗ったことが無かった。昭和46年の長者町線の廃止の時に山元町を発車した最終電車に乗った。この電車はこの電停で左折の渡り線を走って花園橋線に入り、古巣の滝頭車庫へと向かった。めったに乗れない渡り線の乗車の感激は最初であり最後のものとなった。

この大桟橋通りは東西に走る裏通り的な存在だったので市電の8系統は朝夕以外の乗客は少なく、車の通行量も少なかった。昨今ではこの裏通りのほうが車の通行量が多くなった。

この道路はやや立ち遅れの感がするがビルが多くなってきた。電気器具販売店、自動車販売店、病院、コンビニエンスストアなどが並んでいる。金刀比羅神社の場所はこの道路の先の右側になる。

浦舟町

←千歳橋　三吉橋・阪東橋→

◆うらふねちょう ①

一見をお薦めする浦舟水道橋

浦舟町を出発した8系統の葦名橋行き1518号。昭和46年5月17日／写真：田口 博

道路の南側の花園橋方面を写したもので、ここもビルが多くなった。上の写真とで街路樹を比較してください。細く小さいのが、たくましく育った。平成12年7月22日

ここの交差点の近くで目立つ建物は横浜市立大学医学部付属市民総合医療センターの救急棟である。隣の横浜市立大学医学部付属浦舟病院は近く改築され、特別養護老人ホームになる予定だ。この道路の北側はビルが少し建っているが、商店は少ない。

市電が活躍していた時は交差点の東南角のビルが目立ったが、このビルは横浜市立大学医学部と大学院医学研究科になって今でも健在だ。これに隣接して東方にかけて道路の両側はビルが連立して風景は一変した。

この大桟橋通りの南に中村川が流れ、その上を首都高速狩場線が走っている。この付近に中村川に架かる浦舟水道橋がある。この橋は周囲の景色とは掛け離れて古風豊かな姿を見せている。この橋は川下の西の橋に使用したものを翁橋に使い、更にここに移設したものである。これはピン結合トラス橋としては日本で最古のものとされている。一見をお薦めする。ただし高速道路の真下なので橋が橋の下に存在で、暗いのが欠点だ。

千歳橋

←睦橋　浦舟町→

◆ちとせばし

ここの橋は昇天した

左は13系統の1520号、右は8系統の1162号。昭和46年12月5日／写真：吉川文夫

花園橋のほうを写したもので、橋は撤去され道路は平坦になったので交差点は広く感じる。高架橋の下から遠くを覗くと道路の左側はビルが多くなった。平成12年7月22日

この電停から中村橋にかけては市電は堀割川の西側を川沿いに走っていた。この区間は昭和3年6月16日に磯子線の中村橋と南六ツ目(後の吉野町三丁目)の間が開通したので、千歳橋と睦橋とを結ぶ路線に移設した。ここは急行運転の時には無停車であった。昭和40年2月に下りの安全島を移設している。

ここの場所は高砂町と浦舟町との境になっている。ここに千歳橋はあっても千歳町は遠く離れた長者町一丁目の付近なので不思議だ。橋の名称の由来を知りたい。前述の吉野町一丁目の欄で述べたように、大岡川と中村川を結ぶ富士見川は埋め立てられたので、千歳橋は消滅した。今となっては消滅した橋の名称の由来の探索は無理だろう。今でもバス停名と交差点の信号名は千歳橋である。

今では橋の跡地は広い交差点になった。橋は消滅したが皮肉にもその上に覆うように高速道路橋が横断している。まるで橋の昇天だ。かつての風情はまるでなく、橋の下から連立するビルを眺めるだけになった。

横浜市電への情熱

紙面の関係で記載には限りがあるが、補足したい雑件のいくつかに体験を入れた自分史を加えてここで述べることにした。どうも私は小学生の頃から記録魔で収集癖があった。伊勢町にある拙宅前の坂を上下する市電を眺めて育ったので熱い市電ファンになってしまった。その内に各車庫に所属する車号を全て暗記し、転属、改造、事故があると記録した。

古い絵葉書で横浜の路面電車が写っているものは約180種が存在し、その内で入手したものは約50種になった。この絵葉書で会社時代の初期の電車の車号はローマ数字であったことを知った。

切符も夢中になって収集した。乗換券は乗換えの電停から歩いて帰宅し収集した。乗換券には日付が入っていたが、不足すると臨時に日付の無い補充券を使用した。この補充券はいつ発行されるのか判らないので収集には困った。昭和15年の急行運転の時のチラシ（5頁参照）は今では貴重なものになった。

戦時中は市電の座席シートが半減された。この半減の方法は左右の両側が対象的のと非対象的のと二種類あった。これも全車を調査した。

本牧の旧制中学への5年間の市電による通学は楽しかった。いつも市電は麦田車庫の前を通る。この車庫のボギー車はロマンスカーの1104号の1両しかないので愛らしい車両だった。下校時に、この1104号のクロスシートに座ってトンネルを通過する時は快適の極限であった。この車両は今では市電保存館で余生を送っているので私としては最上の喜びだ。

昭和19年に開通した鶴見線の電停名は生麦、明神前、生麦南町、国道駅前、潮見橋、鶴見駅前で、単線の時は国道駅前で行き違いをしていた。この開通の証拠がほしかった。鉄道なら駅で切符を買うのだが、市電には駅が無い。しかたなく乗る目的も無いのに1ケ月で3円50銭の定期券を求めた。片道が7銭の時代にこの定期券の金額は高額であった。昭和38年に同線の軌道撤去があったが、その時には記念に犬釘を拾ってきた。

市電の架線を張るための鉄柱が道路の両側にあった。鉄柱の先端はポールトップと言う五輪塔のようなものが付いていた。今でも山元町にはこの鉄柱が二本残っている。拙宅の庭に植えた(?)ポールトップは少しも育たない。

庭に"植えた"ポールトップ　平成10年1月14日

御所山

↑西平沼橋
↓上原

◆ごしょやま

御所山の名称の由来は

雪の日に坂を登る3系統の山元町行き612号。昭和26年2月17日

西平沼橋方面を写したもので、高いマンションのビル付近に旧電停があった。坂の付近にはビルは無い。平成12年9月15日

西平沼橋から分岐して山元町まで走る長者町線は御所山と野毛山を上り下りして、終点の山元町付近でまた山を登る。変化に富んだ面白い線で、別名は山線とも呼ばれ3系統が走っていた。今ではこの道路は横浜駅根岸道路と呼ばれている。

前述のように分岐して最初の電停が御所山だ。御所山と言っても平地で、下りの市電が発車すると御所山を登り始める。この旧電停付近は京浜急行の戸部駅に近いので便利なためか近年は高層マンションが建ち並んでいる。

さて鎌倉時代の武士の御所五郎丸が曽我の仇討ちで曽我兄弟を手助けして成就させたと言われている。その五郎丸の墓として伝承されているものが坂の東側の御所山町にある。これが御所山町の名称の由来とされている。墓は武士や僧侶の墓として多く作られた五輪塔の様式である。毎年、五月には墓前祭が開かれる。また「ごしょ」は高所の意味もあると言われている。

御所五郎丸の墓。平成12年9月30日

地名が無いのに上原とは

上原

御所山

伊勢町一丁目

◈うえはら

市電は坂を下る3系統の横浜駅前行き1326号。左手には成人式に出る晴れ着の女性の姿も見える。昭和46年1月15日

前述の五郎丸の墓はここを右へ入った所にある。その付近を京浜急行がオープンカットで走っている。平成12年9月2日

上原の地名が無いのに上原と言う電停名の存在は不思議だ。それは緑区の市ケ尾に本領があった上原《うえはら》出羽守《でわのかみ》の館が、この電停付近にあったとされているので上原の名が残ったとされている。

写真は西平沼橋方面を見たものだが、道路の左側には古くは監獄と処刑場があった。その跡地は県の官舎になり脇にくらやみ坂が存在する。その官舎は木造の平屋建てであったが、今では立派なものに建て替えられた。写真の左側はその官舎で、その先には御所山の旧電停付近のビルが見える。右側の住宅は大きな変化は無く、街路樹が大きく育った。

写真の背後が上原の電停で、ここは山の頂上のような所で、この下を京浜急行がオープンカットとトンネルで通過している。

昭和20年5月29日の横浜空襲の時には拙宅は幸にも焼失を免れたが、愛する市電の何号車が焼けたのか心配だった。最初に焼失車を見たのは、この上原電停の上り線の安全島で焼失した525号だった。その後、自転車で市内をまわり焼失車の調査を始めた(35頁参照)。

伊勢町一丁目

←戸部一丁目　上原→

◈いせちょういっちょうめ

ここは旧道と新道の岐れ道

市電は3系統の山元町行き1329号。昭和46年3月18日

写真で判るようにここは窪地になっている。遠方の野毛山の上には公務員住宅が見える。神奈中ストアは左側だ。平成12年9月2日

この付近は古くは伊勢町３丁目であった。昔は紅葉坂の下が伊勢町１丁目であったが、そこは昭和３年に宮崎町になった。その時に伊勢町３丁目が同１丁目になり現在に至っている。町名は近くの伊勢山皇大神宮《いせやまこうたいじんぐう》に因んでいる。ここは御所山と野毛山、更に伊勢山と三方向を山に囲まれた低い窪地の一帯で、どこへ行くにも坂を登る宿命になっている。

この道路は関東大地震後の昭和３年に完成して市電が走るようになったものだが、旧道の程ケ谷道はこの道路の西側の伊勢町商店街を通って、くらやみ坂に通じる現存の道がそれだった。この電停のやや野毛山寄りのカーブする付近に商店街のアーケードのある所が新旧の道路の岐れ道である。この付近には誰が作ったのか知らないが、小さな池をあしらった弁財天を祀る祠があったが、今では消滅してしまった。

京浜急行は伊勢町商店街の西側を並行して地下のトンネルで走っているが、この横浜〜黄金町間が開通したのは昭和６年12月26日であった。

上原のほうを見た写真で、市電は3系統の山元町行き1327号。昭和46年1月15日

街路樹が良く成長したので建物は良く見えない。ビルは道路の左右に一棟ずつ建っている。この道路の左側の道が古い程ケ谷道の名残りだ。平成12年9月2日

◈ ◈ ◈

この横浜駅根岸道路の東側は高島町方面まで横浜空襲での被災地区で、反対の西側は老松町も含んで被害を免れた。下り線の安全島の脇には戦前は市場があって賑わった。私が子供の頃は、よく買物に行かされたのは遠い想い出になってしまった。戦後は同じ場所の焼け跡にタクシーの営業所と車庫が作られたが、今では神奈中ストアが開店した。

ここは前述の伊勢町商店街と共に、周辺の伊勢町、戸部町、西戸部町、老松町の住民の買物客で賑やかな日が続いている。この付近の街並みはビルが一つ建っただけでほとんどが変らず、道路の両側は昔の面影をそのまま残している。

ここは窪地なのにMM21地区のランドマークタワーが望める。これでタワーの高いことがうなずかれる。

この電停は昭和15年8月1日に急行が初めて運転された時には停車し、次の戸部一丁目は通過していたが、昭和18年9月1日からはそれが逆になってしまった。

今のバス停名は伊勢町になってしまった。古くから横浜の繁華街の伊勢佐木町は有名なために、今でも同町と伊勢町とが混同されることがある。

戸部一丁目

←野毛坂　伊勢町一丁目→

◆とべいっちょうめ

電停名は戸部町一丁目ではない

坂を登って来た市電は3系統の山元町行き1305号。昭和45年11月8日

伊勢町方面を写したもので、ここもビルが増え、郵便局もビルの中に入ってしまった。この道路が昔の程ケ谷道だ。平成12年9月2日

野毛坂、紅葉坂、戸部坂、そして伊勢町からの坂の集合地点が戸部一丁目である。坂を登った人も市電も一休みしたい場所だ。戸部の名は富部からの発生だとする説がある。

電停名は本来ならば戸部町一丁目となるはずであるが、どういうわけか名称は昔から町を削って戸部一丁目である。多くの電停名のなかでこの例はほかに本牧一丁目があるだけだ。最近の住居表示の先取り(？)と思われる。

古くは横浜道《よこはまみち》と言われた道が存在した。この道については次の電停の野毛坂の所で説明する。野毛坂を登った横浜道は同地点から分岐し、さらに北進して今の戸部通りを通過している。ここの道路の交差は変形で、後から作った伊勢町方面から来る道幅の広い横浜根岸道路はここで直角に屈折している。そのために交通事故が多いので、平成12年にスクランブル方式の信号に取替えた。この交差点から老松町の山へ登る道の左側には古い稲荷社が今でも存在する。

廃止日が近いので走る装飾電車。3系統の山元町行き1301号。昭和46年3月16日

ビルが多くなって様変りした。伊勢山は見えなくなってしまった。中央の高いビルは海洋亭で、その下に見えるビルは教育会館だ。平成12年9月2日

◆　◆　◆

前述の伊勢町一丁目から、この戸部一丁目にかけては登り坂で、この坂道の右側に拙宅がある。私は幼ない時からここで育ち、小学校の低学年の頃には市電が坂を登り降りする姿にみとれた。ここを走る市電の3系統は坂が多いので馬力の強い単車の500形ばかりが走る。その登る時は力強いモーター音が聞こえ、降りる時は車体を踊らせて惰性で走る。この生き物のような姿に魅せられてしまったのだった。今にして思えば、私の鉄道趣味はこの時に発足したと言える。

さて、この電停の北側の戸部町、紅葉ケ丘と伊勢町の一部は横浜空襲で焦土と化し、反対の南側の伊勢町、老松町は難を免れた。

近くには伊勢山皇大神宮があるために正月と七五三の頃は賑わって車の渋滞になってしまう。また県の知事や部長の官舎の跡地には県立の音楽堂、図書館、文化センター、職業訓練校のほか横浜能楽堂などが建ち、開洋亭や掃部山《かもんやま》公園も近いので静かな文教地区になった。横浜市教育会館も建て替えられた。これらの多くの施設が揃ったことと、桜木町駅と日ノ出町駅に比較的に近いためか旧電停付近はビルが多く建って様相は一変した。

野毛坂

戸部一丁目
日の出町二丁目

◆のげざか

今も壮観美を残す切り通し

坂を登る市電は3系統の横浜駅前行きの1311号。昭和46年2月21日

道路の左右の石垣の形が違っている。写真左側が六角形の亀甲積みで立派だ。正面の伊勢山にはマンションが作られた。平成12年10月14日

横浜での開港場は、外国側では東海道筋の宿場でもあり内国航路の港でもあった神奈川を要望した。しかし幕府は異国人との紛争を考慮し、道筋から離れた横浜村を開港場とした。この時には函館と長崎も同時に開港した。

しかし横浜港から東海道筋へ出るには野毛山、伊勢山、掃部山の麓まで海が迫って道が無いので、神奈川までの航路しかない。そこで開港の時に山を切り開いて横浜道《よこはまみち》が安政6年（1859）6月に作られた。

この道筋は開港場から吉田橋を渡り、野毛村を通り、今の野毛坂の交差点で右折して野毛の切り通しを経て前述の戸部一丁目に出る。その先は戸部坂を下り、石崎橋、平沼橋、新田間橋を渡り、芝生村《しぼう》（今の浅間下付近）で東海道の道筋に合流するものであった。野毛の切り通しは古くは羽沢の切り通しとも言われた。

初期の切り通しは道幅が狭く、関東大地震の時には東側の崖が崩れた。昭和3年に道幅を広げ市電を走らせることになった。

昭和24年の日本貿易博覧会の時の電停の風景。市電は1320号。昭和24年5月10日

この切り通しの石垣は立派である。東側のは道路の拡幅の時に作られた正方形だが、西側のは大きな揃った六角形の亀甲積みで見事である。さらに裾の辺りは反りがあって建築の造形美を見せている。横浜における最高の石垣と言えよう。ここは明治36年（1903）に作られた平沼専蔵氏の別荘の跡地で、今は集合住宅が建っている。

市電の長者町線は昭和3年5月29日に西平沼橋から野毛坂まで開通した。この野毛坂の電停の下り線の安全島の直前には、何の意味か不明だが神奈川会館前の電停と共に赤レンガの敷石を使っていた。

戦後4年では上の写真のように伊勢佐木町付近から山手の丘まで見渡せたが、今ではマンションが視界を塞いでしまった。景観を残すのは石垣だけだ。平成12年10月14日

戦前は春と秋の根岸競馬の開催日には市電は神奈川会館前と競馬場のある山元町の間でピストン輸送をした。普段は単車しか走らないこの線に、この日には1000形と1100形のボギー車が補充車として続行運転をした。市電ファンにとっては、この壮観な眺めは今でも忘れられないものであった。

旧電停付近は今でも仏具店が多く、戦前からの市立図書館は建て替えて立派な市立中央図書館になった。大聖院の跡地にはマンダリンホテルが、山頂にはマンションが建ち街並みは一変した。変らないのは前述の石垣だけになってしまった。

長者町五丁目

←伊勢佐木町
←長者町三丁目

◆ちょうじゃまちごちょうめ ②

映画館が三つも消えた

日の出町方面を写す。市電は3系統の横浜駅前行き1320号。昭和46年2月21日

交差点の角の横浜ピカデリーの跡は高層マンションになった。道路の下は地下駐車場を作っている。遠くの野毛山は見えなくなった。平成12年8月27日

ここは3系統の下り線の市電が二つの山を越したので一息入れる所だ。

戦後間もなくの昭和24年3月から日本貿易博覧会が開催された。これは反町《たんまち》会場と野毛山会場があって、市電は新車の1400形を使って東神奈川駅西口と長者町五丁目の間に連絡車を運転した。この時にこの電停の山元町側に折り返しのポイントを作った。その後、同年9月に野毛山に完成したプールを使用して第4回国体水上競技大会が開催され、その時の連絡車の運転の時にもポイントが使われた。しかし使用後はすぐに撤去されてしまった。今ではそのポイントのあった付近は地下駐車場の建設工事が長期間続いている。

交差点の角近くには戦後に映画館の横浜ピカデリーがオープンしたが、今では高層マンションになってしまった。そのすぐ先で伊勢佐木町通りと交差する所にあった戦前からの古い映画館の「オデヲン座」は空襲の災害に遭わなかったが、これも建て替えて「オデオン」になった。その先の映画館の横浜松竹劇場は今は無い。この周辺は興亡が激しく、まだ街並みの風情は変化するだろう。

長者町三丁目

←長者町五丁目
←長者町一丁目

◈ちょうじゃまちさんちょうめ

市電の焼失劇が発生

千秋橋を渡る3系統の生麦行き1310号。昭和40年1月24日

山元町方面を写したもので、橋の角にあったガス器具販売店の増尾商会は健在だった。その後に高層マンションが完成している。平成12年8月27日

大岡川の支流の新吉田川は駿河橋の付近で岐れ、今のＪＲ関内駅付近まで流れていた。これを埋め立てて大通り公園が誕生した。この埋め立てる前の横浜駅根岸道路が同川を越す所には千秋橋があった。この千秋橋の山元町寄りに長者町三丁目の電停があった。

昭和40年4月11日の夜に下り線の同電停に停車していた市電の１３１３号が発車した時に発火し、全焼する事故が発生した。横浜では震災と空襲以外での市電の焼失は、これを含んで三件発生している。

その後に千秋橋は撤去されて大通り公園が完成し、昭和47年12月16日には待望の地下鉄が開通した。この時に旧千秋橋があった箇所の下には伊勢佐木長者町駅が開業した。この駅名は伊勢佐木町と長者町の双方からの駅名の要望があり、それをドッキングしたので地下鉄では最長の駅名になった。同駅の開業の時にバス停の長者町三丁目は廃止され、今は伊勢佐木長者町駅前が誕生した。

旧電停付近のガス工事の店は昔の残影が残っている。その先には高いビルが完成し、街路樹の育ちが目立っている。

長者町一丁目

長者町三丁目
石川町五丁目

◈ちょうじゃまちいっちょうめ ②

単線の渡り線が二本もあった

日の出町方面を望む。市電は3系統の山元町行き1304号。昭和46年2月28日

中央の遠い高いビルは横浜伊勢佐木町ワシントンホテルで、道路の左側には高層のマンションの建設が始まっている。平成12年8月12日／写真：西村海香

ここは花園橋線との交差点だ。ここには古くから奇異な渡り線があった。それは花園橋線の下り線と長者町線の下り線を結ぶ単線の渡り線であった。これは3系統の受持ちの生麦車庫が遠いので同線の上りの始発が遅くなるのを援助するためであった。それは生麦車庫の始発が来る前に滝頭車庫の市電が、この渡り線を通過して山元町へ行った。そのために同線の上りの始発だけは滝頭車庫の市電が六角橋行きの補充車として走った。

その後に生麦車庫が廃止されて3系統は滝頭車庫の受持ちになると、この交差点はほかの角の二ケ所にさらに単線の渡り線が作られて複雑なものになった。この時には花園橋線には折り返しのポイントも作られた。

ここの交差点の角には倉庫があったが空襲で焼け、その跡には電気工具の販売店のビルが建った。今でもこのビルは健在で、その後方にはビルが建ち並び、後方のひときわ高い白いビルは横浜伊勢佐木町ワシントンホテルだ。道路の反対側は戦後に作られた四階建ての下駄履きアパートが今でも健在だ。

石川町五丁目

→長者町一丁目
←山元町

◆いしかわちょうごちょうめ

車橋の上に車の橋

日の出町方面の写真で市電は3系統の横浜駅前行き1304号。昭和46年2月28日

この写真だけを先に見たのでは場所が判らないと思う。まるで二本の橋の記録写真のようなもので絵にもならない。平成12年8月27日

長者町線が長者町五丁目から車橋まで開通したのは昭和2年9月26日で、終点の位置は橋の手前であった。この車橋と言う電停名は昭和7年3月5日に石川町五丁目に改称されている。この停留場が橋を渡った所に移設されたのは、その後に市電が山元町まで延長された時と思われる。

ここは蒔田《まいた》付近で岐れた大岡川の支流の中村川が流れ、遠くには野毛山が眺められて風情に富んでいた。しかし今ではここの上には高速道路橋が二本も架かり、目隠しをされたようで風情は全く消えてしまった。車橋の上に車の橋があるので昼なお暗いものになった。都市の中心地で風情を望むのはぜいたくなのだろうか。

道路の右側の小さなビルは今でも健在だ。その先の四階建ての共同住宅も健在だが、道路橋で下のほうしか見えない。左側の商店街は建て替えて高いものになり、繁盛しているようだ。

ここから中村川沿いをゆっくり歩けばJR根岸線の石川町駅は近い。背後の山には教会、寺院、学校などがあって、静かな住宅地となっている。

打越《うちこし》

車橋 ← → 山元町

市電は絶えたが霊泉の水は絶えない

車橋まで開通した長者町線はその先の山を削って切り通しを作り、山元町まで開通したのは昭和３年８月27日であった。ここの切り通しの両側の壁は正方形の石積みだが高く、そこに架かる大きなアーチを描いた打越橋と共に良い景観を見せている。特に雪の日の景色は素晴らしい。

この登り坂の中間に、やや平地になった場所がある。ここには古くは猿坂と言う電停があったが、後に打越と改称された。この電停は戦前の急行運転の時には無停車であった。その後の横浜空襲を契機に急行運転は立ち消え、この打越の停留場は復活することは無かった。この旧打越の電停の脇に泉があり、碑には打越の霊泉と刻まれている。噴き出す水量は豊富で、今でも容器持参で車で水を取りに来る人が多い。

ここの打越橋の上からの北方の市内の眺めは素晴らしい。市電が走っていた頃はJRの根岸線の関内駅とその高架線、遠くには高島台の丘陵が見えて高所からの遠望であった。しかし今ではランドマークタワーをはじめビルの高層化が目立ち、情景は横広から縦長のものに変化した。中央を横に走る高速道路橋は目障りだが現世の産物の一片だ。

市電は3系統の山元町行き1302号。昭和46年2月28日

道路の両脇の樹木が成長し緑が多くなり細い谷間になった。その先にランドマークタワーがあり、素晴らしい風景になった。平成12年8月12日／写真：西村海香

山元町
←石川町五丁目

◆やまもとちょう

珍らしいダイヤモンドクロッシング

柏葉方面を見た写真で市電は3系統の横浜駅前行き1327号。昭和46年2月28日

柏葉方面は今でも昔と変わらない。この交差点を左へ行くと港の見える丘公園、右へ行くと根岸森林公園に至る。平成12年8月27日

山元町のシンボルは大きなアーチ形の打越橋だ。この打越橋の上は身投げの格好な場所であるために、今では橋の欄干は高いものに追加的に改造されている。

打越橋の南側は横浜駅根岸道路と山手本通りがT字形に交差している。橋の上からは山手の奥地の柏葉方面まで見渡せるが、住宅地なので今でも変化が無い。この交差点を右に折れると賑やかな商店街のあまり広くない道路が続き、その先は根岸森林公園に至る。ここは戦前は競馬場があった所だ。

山元町の電停はこのT字形の交差の位置にあった。競馬開催日には市電の補充車の続行運転があり、あわただしい折り返しの操作を効率良くするために、ここのポイントは珍らしいダイヤモンドクロッシングを使用していた。ここの道路信号器は今でも市電が使った電柱を二本も使って遺跡を残しているのをご存知でしょうか。

昭和5年1月14日にこの電停に停車の541号が乗務員無しで自然発車して坂を下り、長者町五丁目に停車していた506号に激しく追突する事故があった。そこで、昭和24年に電停の位置を右折した所に移設した。その遺跡は今のバス停に利用されている。

藤棚町

←浜松町

←境の谷

◆ふじだなちょう

地元の熱意で藤棚が復活した

これは交差点から水道道を見たもので藤棚があって懐かしい（絵葉書）

市電は7系統の洲崎神社前行き1318号。昭和44年9月27日／写真：三神康彦

久保山方面を写したもので、横浜銀行ほかの商店に大きな変化は無い。バスは市電の9系統の代替えの68系統の横浜駅西口行き。平成12年7月22日

ここは藤棚浦舟通りと水道道《すいどうみち》とが交差している。水道道はイギリス人の技師のパーマーの指導で相模川の上流の道志《どうし》川から洋式水道の導入の工事が始まり、この道の下を通って野毛山の貯水池に至り、ここから市内に給水が開始された。これは明治20年（1887）に完成し、これは日本の近代水道の最初であった。

ここの交差点は複雑で水道道と岐れて西と東の方角に走る道路がある。西への道路は藤棚商店街、東への道路は藤棚一番街で西前商店街へと移行する。共にこの道路は商店が軒を連ねて賑やかだ。近くの高層ビルでは市営藤棚ハイツがあり、地区センターと同居している。

藤棚の地名は電停脇にあった鈴木屋と言う茶屋の軒先にあった藤棚に由来している。この藤棚は空襲で焼失したが、地元の人びとの情熱で復活した。

電停名は古くは横枕と言われているが確証が無い。その後に藤棚となり、昭和3年に藤棚町に改称された。市電の廃止後のバス停名はまた元の藤棚に戻った。

境の谷

藤棚町 ← → 久保山

さかいのたに

快適だったS字形の坂登り

市電は7系統の洲崎神社前行き1302号。昭和44年9月27日／写真：三神康彦

久保山の方面を写したもので、高層マンションが多くなった。右に少し写っているビルは下が消防署だ。付近には葬祭場もある。平成12年7月22日

前述の藤棚町から境の谷の電停までは登り坂だ。間接制御で馬力の強い1500形が僅かにカントを付けて、このS字形の坂を登る時は快適だった。これは長者町線の野毛坂も同じだった。一般の乗客はそんなことは判らないだろう。鉄道ファンのみが知る妙味だったが、早いもので今から50年も前の過去のものになってしまった。

もう故人になられたが、同じ趣味の先輩が浜松町付近で汽車の窓からS字形の坂を登る市電が見えたと言っていた。当時は住宅が少なく遮るものが無かったからだろう。この久保山線は戦前はボギー車は使わず、単車ばかりが走っていた。

ここの町名は境之谷だが電停名は境の谷であった。そして今のバス停名は境之谷になっている。前述の藤棚町と同じくどうしたことか電停名とバス停名とは仲が悪い。急行運転の時には無停車であった。

道路の両側は市電が活躍していた頃は住宅と商店が混在していたが、今では高層マンションが散在するようになった。この付近は静寂で住むのには良いが、難点は四方が坂だらけなことである。

←霞ケ丘　久保山　境の谷→

◈くぼやま

電車の専用軌道が道路になった

久保山線を建設する時には、ここの山に切り通しを作って電車を通した。その時に左右の山に架かる霞橋を作った。橋の下の道は電車だけが通り、人は歩けない。このような電車道を専用軌道と言っている。その後に電車道を拡幅して人も車も通れる併用軌道に改良した。この改良の時に霞橋は道幅に合致した大きなアーチの橋に改良された。これは道路よりも電車が先行したものであった。住民は電車に乗ること以上に、道路が歩けるのは恩恵であった。

電停名は近くに東光寺があったので東光寺裏であった。別に電停名は霞橋であったとの説があるが確証が無い。ともかくも後に電停名は久保山になった。

電車の専用軌道を作った時に霞橋に登る階段と石造の柱が作られたが、今でも当時の姿を残している。ここは昭和初期いらい風景に変化が無く、時代の流れが感じられない。

専用軌道の時の小さいアーチの霞橋（絵葉書）

初音町方面を見た写真だが、風景の変化は樹木が成長したことだけだ。最近、霞橋は補修された。平成12年7月22日

霞ケ丘

←初音町　久保山→

◈かすみがおか

去りゆく人の世に緑と赤門は残った

市電は7系統の洲崎神社前行き1308号。昭和44年9月28日

ここは撮影の好適地だ。上の写真と比較すると変化が無い。変化が無くても暑い日に定点撮影をした。平成12年7月22日

この付近は古くは霞耕地と呼ばれていた。電停名は南太田であったが、昭和4年に霞ケ丘に改称されている。急行運転の時にはこの電停は無停車であった。

前述の久保山への道路は一直線で急坂なために市電の走行試験に使われた。ここの風景は今でも少しも変らず、両側の土手の上のツツジが咲いた時の景観は素晴らしい。ここは撮影に絶好な場所だったので、よく写しに来た。市電の廃止が迫った寒い雪の日に、元気に登って来るボギー車を写したのが思い出される。

道路の西側の町名は三春台《みはるだい》で関東学院の小・中・高等部があり、古い校舎は中世ノルマン様式の近代建築の風情を残している。この校舎を包む繁茂した緑の樹木は行く人の目を楽しませてくれてオアシスだ。この付近の情景はまだ当分は変化が無いだろう。

この付近は昔から温水が湧いたそうで、戦前には鉄温泉があった。古老の話によると車掌は「霞ケ丘、鉄《てつ》温泉前」と言ったそうだ。私は不勉強で、この鉄温泉はどの場所にあったのか今でも知らない。

◇　◇　◇

町名で言うと電停の北方が霞ケ丘、東方が赤門町《あかもんちょう》だ。電停の近くに真言宗東福寺があり、ここの山門が赤く塗られていることから赤門が町名になった。この付近に区境があり、赤門町の一丁目は中区、同二丁目は西区になっている。

赤門町方面の写真で、市電は廃止直前の7系統の装飾電車1501号。昭和44年9月28日

坂を少し下って右折した所に横断歩道橋がある。昔はここに会社時代から霞町と言う電停があった。下り線で言うと、ここで路線は更に右折して普門院の前を通り、またすぐに左折して南へ一直線に走って日本橋へと延びていた。震災後の都市の復興で霞町から浦舟町への直線の道路が完成した後は、市電の路線はこの新しい道路に移設された。この時に霞町の電停は廃止された。

遠くにビルが多くなった。横断歩道橋も完成した。緑のオアシスはこの道路の右折で終る。平成12年7月22日

この旧市電通りを歩いてみたが、昔はほとんど自動車が走らない時代とはいえ、複線でよくこの狭い道を電車が走ったものだと思った。

前述の横断歩道橋のある付近までの道路の北側は窪地に移行するので住宅が一列に並び、西側は森林と崖で時代を経ても少しの変化も無い。そこから初音町にかけての道路の両側は昔と同じく商店が多く、ビルが散在するようになった。

赤く塗られた東福寺の山門で、威厳が感じられる。平成12年7月22日

初音町

←霞ヶ丘 ←阪東橋

◈はつねちょう ②

今も残るのは京浜急行の鉄橋だけ

市電は7系統の補充車の横浜駅前行き1314号。昭和44年9月23日／写真：石川伸一郎

久保山方面を見た写真で、上の写真では高架線と鉄橋が大きく目に入ったが、今では探すようになってしまった。平成12年7月22日

前述の霞町から折れて日本橋へ行く会社時代の旧線は、この久保山線の西側の通りを南へ走っていた。この旧線にも初音町と言う電停があった。

交差点の近くの京浜急行の駅名が黄金町《こがねちょう》駅、そこの交差点と市電の電停名が初音町なので混同しやすかった。どうして同じ場所なのに同一の名称にならなかったのか不思議であった。市電には黄金町と言う電停名は無かったが、今ではバス停に黄金町が存在しているのは皮肉な話だ。また久保山線の代替えのバスには初音町と言う停留場が存続するが、位置が元の市電の霞町の横断歩道橋の辺りなので驚く。この付近は話題には事欠かない。

ここの市電の廃止頃には太田橋の親柱は戦前の金属回収で撤去されたままであったが、今では趣のある立派な親柱になった。ここを流れる大岡川沿いの桜が咲いた情景は素晴らしい。

市電が活躍した頃には霞台地から野毛山に連なる丘が見えたが、今ではマンションほかの高層ビルが建ち、見えるのは変化が無い鉄橋とその後方に見える僅かな丘だけになってしまった。

阪東橋

初音町 ← → 浦舟町

◆ばんどうばし

空襲時にここでロマンスカーが昇天

久保山方面を望む写真で、市電は7系統509号。昭和24年8月8日

上の写真と比較すると地下鉄の阪東橋駅が近いのでビルが密集し、別世界のようになってしまった。写真で現存するのは久保山と京急の鉄橋だけだ。平成12年7月22日

ここの近くに大通り公園があり、これはここを流れる新吉田川を埋め立てたものなので東西に細長い。埋め立てる前にここに架かっていた阪東橋の名を交差点の名称にしている。橋は無くなったが名称だけが残った。この川の西方の橋が、前述した久保山線の出発点の日本橋《にほんばし》で、この橋も姿を消してしまった。

この辺りは空襲の被害が大きく、見渡す限りが焦土と化した。ここの電停脇でクロスシートを撤去した旧ロマンスカーの1100号の焼失を見た時は落胆した。

市電の部分廃止が続く時に、地下鉄の建設を優先するために阪東橋と吉野町三丁目の間が昭和44年6月1日に廃止され、ここを走る市電は浦舟町経由になった。

市電が市民の重要な足であった頃は商店と住宅が混在し、丘の上の関東学院の校舎も遠望できた。今では地下鉄の阪東橋駅と京浜急行の黄金町駅が近いために高層マンションが連立し、交差点は谷間になってしまった。今のバス停は大通り公園の所で、昔の阪東橋のあった地点である。

市電はまだ戦時中の名残りが残るシート半減の8系統の1020号。昭和24年8月14日

阪東橋方面を見た写真で、上の写真と比較すると嘘のような景観の変貌ぶりだ。あの時の商店の人たちはどうしたのだろう。平成13年6月7日

浦舟町

←千歳橋　阪東橋・三吉橋→

◆うらふねちょう

②

ここは久保山越えの市電の起点

ここは藤棚浦舟通りと大桟橋通りとがT字形に交差している。ここに久保山線の阪東橋から浦舟町まで市電が開通したのは昭和3年8月27日であったが、それよりも早く花園橋線の花園橋と千歳橋の間が昭和2年3月30日に開通した。この電停名は古くは南四ツ目であったが、昭和3年に浦舟町に改称された。

阪東橋と浦舟町との間には高根町と言う電停があった。この電停は急行運転の時には無停車であったが、3年後には臨時廃止になった。その後は復活されることが無く、廃止に移行した。これと同じ運命を辿ったのは長者町線の打越の電停であった。この旧高根町の電停の所の今のバス停名は白妙町である。

この浦舟町の電停は永く久保山を越す7系統と9系統の起点で、ここには乗務員の派出所があって予備の市電が1両留置してあった。

阪東橋へ通じる道路は商店と住宅が混在していたが、今ではビルが連立し街路の風景は驚くほど一変した。

ここは循環運転の欠けた所

睦橋

吉野町三丁目 千歳橋
中村橋

◈むつみばし

近くの市電は13系統の桜木町駅行き1515号、遠くは1152号。昭和46年5月16日

二本の高架橋は虹のように思える。左角の魚問屋の江戸屋はビルになった。その後方には高いビルが見えている。平成12年10月14日

ここは横須賀街道と大桟橋通りの延長とがT字形に交差している。市電のほうはこと南六ツ目(後の吉野町三丁目)との間の開通と、花園橋線の移設によって交差点になった。

急行運転の時でもこの電停から葦名橋までの全ての電停に停車したのは珍らしい。

戦前は葦名橋と吉野町三丁目の間を走った8系統は循環運転であった。しかし正確に言うと睦橋と吉野町三丁目の間の一停留場間(244m)には線路がなく、円は欠けて走っていなかった。この区間を遠く循環して市電に乗った人はおそらく一人もいなかったと思われる。

睦橋は大岡川の支流の中村川に架かるものである。今ではこの橋の上に高速神奈川3号狩場線の道路橋が高く架かり、風情はゼロになってしまった。

この付近の横須賀街道の両側はマンションほかのビルが多くなった。交差点の角の川魚問屋の江戸屋は今も健在でビルになった。

中村橋

←天神橋　睦橋→

◈なかむらばし

今でも市電の行先表示板が存在

羽衣町線の吉野町一丁目付近の駿河橋から八幡橋まで滝頭線が開通したのは明治45年（1912）4月13日だった。このうち駿河橋から中村橋までの間は川沿いの旧線を走っていたが、新線に移設された。そのために中村橋の電停は新旧両線の分岐の場所であった。

大桟橋通りを西に走る車は千歳橋の交差点で多くが左折し堀割川沿いに走る。この川沿いの道路が旧市電の路線の跡で、市電が消えた後は車の往来で混雑しているのは面白い現象だ。

ここのバス停の前のハンコ屋の軒先に旧市電の安全島に立っていた行先表示板が立てて保存してあるのには驚いた。

近くの中村橋商店街は賑やかだ。また近くには県警の交通機動隊があり、その裏山は昔と変らない。その先はマンションが建ち並んでいる。

路線工事の着工前の風景で民家は茅葺き屋根、右には馬車が見える（新線路写真帳より）

市電の廃止が迫った日の1508号の力走。昭和47年3月19日

この三枚は明治、昭和、平成にわたる定点対比。背後の丘の左の一部は削られてビルが建ったが、丘の全容は変らない。平成12年7月22日

天神橋

←中村橋

←根岸橋

◈てんじんばし

樹木の成長で山は高くなった

伊佐衛門橋を渡る会社時代の電車で模型のよう。崖の形が特徴だ（新線路写真帳より）

市電廃止の10日ほど前の情景。1168号。昭和47年3月19日

今ではビルが建ったので特徴ある丘の崖は見えなくなった。もう模型ではなく現実になってしまった。平成12年9月30日

中村川から分岐して八幡橋方面へ流れ根岸湾へ注ぐ堀割川は明治7年（1874）に完成した。当時は水運が重要な物資の輸送手段であったことと中村川の水量の調整にも役立つためのものであった。

この川沿いに西側を走る道が作られ、これが今の横須賀街道（国道16号）である。この道の西側の住宅地から堀割川に流れる小さな排水路があったので、この道路には橋がいくつかあった。それと堀割川に架かる橋もあったので、この付近から八幡橋にかけては橋が多かった。

会社時代には、この電停付近には小さな伊佐衛門橋があって電車が渡った。その時の写真はのどかな風景で、模型のようにも思える。時代を追っての写真を見ると左の小さな丘は消滅したが、奥の丘の樹木が成長したので山は高くなった。

滝頭

←根岸橋　←八幡橋

◆たきがしら

市電の歴史を語る保存館

この1500形の優雅な姿が好きだ。13系統の葦名橋行き1501号。昭和27年9月24日

堀割川の対岸は平凡な住宅が低いながらビルに変った。根岸台の稜線が見えるのと川があるせいか、まだ潤いが残っている。平成12年7月30日

　この路線が開通した時に滝頭車庫が作られた。この北隣りは横浜刑務所だったが後に移設された。この付近の会社時代の電停名は根岸橋が監獄署前、滝頭が不動橋であったようだ。滝頭の近くの橋は坂下橋だが、不動橋はどこにあったのか判明しない。さらにこの電停名は滝頭運輸課前の時代があったが、その後に滝頭になった。この滝頭の時代が永く、昭和17年2月19日に電気局前、昭和21年6月15日に交通局前、昭和34年9月18日に再び滝頭に改称されている。

　ここの車庫は工場も併設されていた最大の車庫であり、また市電廃止の時には最後に閉鎖された車庫でもあった。１６００形の製造中、７００形の改造車、１１７１号や１２０３号の塗装試験車、花電車など足しげくこの車庫に通って写したのが想い出に残る。ここでの悲しい想い出は市電の廃止に伴なう解体作業の撮影であった（１６８頁参照）。今ではバスの車庫に変身し、奥の跡地に作られた市営住宅の一階は横浜市電保存館になっている。

　堀割川の対岸は高層ではないが、ビルが多くなって時代の推移が伺える。

八幡橋

滝頭

浜

◈やわたばし

八幡橋を幻の市電が渡った

ここは堀割川が根岸湾に注ぐ河口に近く、横須賀街道(国道16号)は本牧方面からの道路と交差して右折する。

桜並木の道を走る36形38号(新線路写真帳より)

前述の滝頭との間の道路は少し高くなっている。この西側に港で使うダルマ船を作る造船所があった。船が完成すると川へ入れるために道路に小さな橋があった。この橋をドック橋と言った。今では造船所は廃止され、ドック橋も撤去されたが、橋の名残りは道路の高まりである。この近くに磯子橋のバス停がある。

最終日に走る8系統の葦名橋行き1153号。昭和47年3月31日

桜並木は無くなり遠くにビルが建った。川面を渡る涼風は変らない。ここは車の通行量が多く落ちつかない所だ。平成12年8月5日

会社時代の電車が開通した頃は、道路の川沿いは桜並木であった。春の満開の時は対岸から眺める景色は格別なものだったと思われるが私は知らない。今では街路樹の姿は無く、歩道も無い。あるのは八幡橋の脇の八幡神社と川面を渡る涼しい風だけになった。神社の前には高層ビルが建ち、遠くの河口近くには建設中の高い高速道路橋が目に入り、ここにも近代化の波が寄せた感じだ。

橋上に孤立したレールが見られる。市電は1010号。昭和29年2月21日

八幡神社は古い歴史があり、大きく育った「けやき」は立派だ。橋の南側にはたしか造船所があったはずだと思ったが、もうそこには存在しなかった。

　昭和4年には間門から桜木町経由で八幡橋まで走る8系統があった。昭和30年代では中央市場から八幡橋まで走る7系統の運転区間が長かった。その後の折り返しは八幡橋はなくなり、二つ先の葦名橋が多くなった。

　この八幡橋は震災後の昭和初期に架けられた時に、橋上に市電の線路が敷設されていた。この橋をいつ市電が走るのか期待していたが、実現しないので幻と思っていた。

　このように線路があって市電が渡らない橋は、前述の通りほかに浅山橋と西平沼橋があった。この三橋のうち八幡橋は昭和30年4月1日に間門と八幡橋間の間門線が開通したので待望の市電が渡ることになり、現実のものになった。ほかの二橋はこれに反して幻で終ってしまった。

　昭和30年頃にはここの交差点の中心地点には珍らしい信号塔が立っていた。昭和43年12月に上りの安全島を移設した。

　今の交差点は横断は歩道橋だけになったので、老人にはきつい場所になった。磯子方面の道路の左側には古くから大きな工場があったが今は無い。ビルは散在しているが、歩道橋の下から遠くの山が望見できる。

眼前を横断歩道橋が横切っているので、全く風情が無い。風情が無くても定点対比なので撮影した。遠くの景観は橋の下から覗くようだ。平成12年8月6日

廃止の最終日なので安全島には廃止を告げる掲示板が見られる。昭和47年3月31日

杉田方面を見た写真で遠くの丘はきれいな円形になった。この先で旧磯子街道は岐れている。道路の右側は商店で賑わう。平成12年8月6日

浜と森は最短の電停名

浜
←八幡橋
←葦名橋

◈はま

会社時代は八幡橋が終点であったが、市営後の大正14年（1925）4月20日に磯子線が磯子まで開通した。当時は磯子線と言った。この「浜」は、この先の「森」と共に電停名では最も短い名称であった。急行運転の時にはこの電停は停車した。

今の浜のバス停の手前の磯子警察署の所で海岸のほうへ岐れる道路があるが、これが磯子産業道路の始まりで磯子駅前を通りJRの新杉田まで延びている。

この電停の先で横須賀街道は左へ緩やかにカーブするが、ここで旧磯子街道が岐れている。この分岐点を中心として、この付近は昔から商店が多かった。今では磯子商栄会があって賑わっている。旧電停前の浜マーケットと岡田果実店は今でも健在だった。

ここでは高層ビルは見当らないので遠くの磯子七丁目付近の丘が今でも望める。昔は丘の頂上は鋭かったが、今では樹木が成長したのか、円形の穏やかな姿になって迎えてくれた。

葦名橋

間坂 ← → 浜

◈あしなばし

川も橋も消え名称だけ残る

最終日の乗車風景で市電は6･8系統の1152号。昭和47年3月31日

杉田方面を見た写真でビルが多くなった。カメラ店はCDのレンタル店になってしまった。ここは今でも商店が少なく寂しい。平成12年8月6日

ここは戦前には循環運転の8系統が吉野町三丁目との間を永く走り、戦後は13系統が桜木町との間を、また間門線の開通後には11系統が六角橋との間を走り、全てここが終点であった。これらはここが終点であった。昭和42年8月1日の杉田線の廃止でここが8系統の終点になった。この時にはこの電停でお別れの発車式があった。この時に下りの安全島を移設し、上りに統合した。急行運転の時にはこの電停は停車した。

ここの川は暗渠化され葦名橋は撤去された。その跡地は細長い緑地帯になった。この道路が少し高くなっているのは橋のあった名残りである。橋は無くても葦名橋と言うバス停が存在する。人は死して名を残すと同じように、橋は無くても名は後世に残している。このような例は花咲橋、雪見橋、阪東橋など数多く存在する。

この付近は商店が少なく寂しい所だった。ここは駅に近くないのに今ではマンションが多くなり、街路樹は成長した。

磯子

間坂 ← 森

◆いそご

人も情景も過去へは戻れない

割烹旅館・偕楽園の前を走る6系統の1008号。昭和32年11月23日

八幡橋方面を見た写真で、ここも磯子区総合庁舎をはじめとして高層なマンションが多くなった。道路のS字カーブだけは残っている。平成12年8月6日

市電は大正14年（1925）に磯子まで開通し、その後に聖天橋に延長されるまでここがしばらく終点になった。戦前では昭和初期に本牧からの6系統、東白楽からの8系統などの終点になったが、それ以後は夏季に7系統がここまで延長運転された以外には終点扱いされたことが無かった。

この電停は昭和25年6月5日に磯子小学校前に改称されたが、昭和39年1月25日に再び磯子に改称された。昭和22年と昭和37年に安全島を移設している。急行運転の時にはこの電停は停車した。今のバス停名は磯子区総合庁舎前である。

ここは海岸に近いので夏には海水浴場として賑わった。この旧電停の南側には磯子区総合庁舎が完成した。この先は道路が緩やかにS字カーブをして北側は丘が迫って高い崖だった。今では崖を削り見上げるような高層マンションが建った。道路の南側には偕楽園と言う割烹旅館があって風情があったが、ここも高層なマンションになってカーブした谷間になってしまった。人は過去へは戻れないのと同様に情景も過去へは戻れない。情景の遺跡は道路のカーブだけである。

屏風ケ浦

←白旗　森→

◈びょうぶがうら

長い磯部がビルの屏風になった

市電は13系統の杉田行き1407号。昭和42年7月23日

上の写真では汐見台の上に横浜プリンスホテルの旧館が見える。今の写真では新館が写っている。この付近は高層マンションが連立した。平成12年8月6日

市電が磯子まで開通した約半年後の大正14年（1925）11月5日に聖天橋まで杉田線が開通した。この当時の横浜の市域は磯子までであったので、この開通は市域外路線の開通であった。そのために磯子以遠の料金は市内料金より安い特別料金制度を設定した。昭和2年4月1日に磯子区が誕生したので特別料金制度は廃止された。

この屏風ケ浦の電停は最初は後の白旗と境橋の間に設置された。昭和5年にこの電停名は中原に改称され、森と白旗との間に屏風ケ浦の電停を設置した。急行運転の時にはこの電停は停車した。昭和30年代にはここが終点の時があった。

市電が活躍の頃は森を過ぎると海岸は近くなり、屏風ケ浦の電停では道路の縁が海岸だった。道路の反対側の民家では海苔を干す光景が見られた。ここでの潮干狩りが想い出に残る。

磯子の方を見ると今では連立するマンションの屏風ケ浦(?)が完成した。その先の汐見台の横浜プリンスホテルが少し姿を見せている。

杉田

聖天橋

◆すぎた

納涼電車が浜風を受けて走った

市電の左の小さな家は定期券発売所、市電は8系統の1511号。昭和42年7月23日

交差点の中央に四方へ通じる大きな横断歩道橋が作られた。歩道橋の無い姿は「過ぎた」ものになった。妙法寺は右へ入った丘の麓の所だ。平成12年8月6日

杉田線の最後の聖天橋と杉田の僅かの区間は昭和2年3月17日に開通した。昭和6・7・9年には、夏には杉田線にオープンデッキでよしず張りの納涼電車が走り（11頁参照）人気があった。

戦前の最長の距離を走る系統は六角橋杉田の間の6系統で、大形ボギー車の1000形を多用した。昭和30年11月には降車の停留場を新設した。滝頭に車庫と工場があった関係で、杉田まで試運転の市電が走る姿を見ることが多かった。

磯子産業道路はここから始まっている。京浜急行の杉田駅とJRの新杉田駅はここから離れた位置になっている。

幕末には根岸から富岡までは梅林が多かった。なかでも杉田の妙法寺境内を中心とした地域が杉田の梅林と称された。昔は境内の紅白の梅が咲く頃には茶屋が設けられて賑やかだった。定点撮影の時に久し振りに寺に立ち寄ったが、梅は寄る年波のためか支え木が多いのが目立った。私も支え木がほしい年代になってきた。

旧電停の付近は昔も今も商店が少なく、目立つのは横断歩道橋だけだった。

横浜駅西口

←鶴屋町三丁目　岡野町→

◈よこはまえきにしぐち

あの時の荒地が変身した

私が幼い頃の昭和初期では横浜駅裏口と言っていた。この付近は空襲の被害がひどく、後に永く砂利置場で裸電球を付けた電柱もまばらで、夜は歩くのが怖かった。昭和30年の秋に駅舎と駅前広場を写したのが良い記録になった。この時はもう砂利の山は無かったが、荒地が一面に広がっていた。あの時の荒地が昨今では繁華街になったのは夢物語の現出だ。

相模鉄道はこの付近の土地を買収し、再開発するプロジェクトを発足させ、最初の展開は昭和31年4月2日の横浜名店街の開店であった。昭和34年10月に横浜髙島屋が開店した。

この年の7月16日に三ツ沢西町から横浜駅西口を経由して常盤園前までトロリーバスが開通した。その後の同年12月1日に残りの区間が開通し、完全な循環路線になった。市電の浅間町線にも同名の横浜駅西口と言う電停があった。

昭和30年の横浜駅西口の駅舎で、右のは飲食店の「白ゆり」。昭和30年9月5日

横浜ステーションビルの前に停車のトロリーバス102系統の113号。昭和47年3月29日

これは読者の皆さんのお馴染みの風景だろう。模様替え後の駅ビルの表示はビル名から駅名になった。いつも人出が多く賑わっている。平成12年8月26日

峰小学校前

←宮田町　←峰岡町

◈みねしょうがっこうまえ

アルミ建具店は健在だった

トロリーバスの架線は道路の中央になっている。101系統の115号。昭和47年1月23日

和田町方面を写したもので、道路の右側はマンションの壁になった。左の前方には大きく高いマンションが見える。平成12年8月26日

これからは外廻りの順序で説明しよう。トロリーバスは古巣の浅間町車庫前を過ぎて洪福寺交差点で右折し八王子街道(国道16号)に入ると洪福寺の停留場だ。市電の電停とほとんど同位置の停留場なのに市電は洪福寺前、トロリーバスとバスは洪福寺と名称を区別していたが、その理由は判らない。その先の道路は隆起しながらS字カーブになる。この隆起の理由も判らない。

S字カーブが終ると道路は長い直線コースに入る。最初の停留場は峰小学校前だ。学校はここから北方に存在する。ここには今でも横断歩道橋が横たわる。歩道橋の上に立つと、道路が直線のために遠くの常盤台の丘が目に入る。この付近も高層マンションのビルが多くなった。歩道橋近くのアルミ建具店と消火栓は健在だったが、流し台店は駐車場になっていた。隣りの材木店は五階建てマンションの一階で営業していた。不思議なのはトロリーバスが走っていた頃は街路樹があったが、今では皆無になってしまった。この理由も判らない。

常盤園下
和田町
和田町交差点

◈わだまち

常盤台の丘陵が眼前に迫る

ポールを曲げて走る101系統の123号。昭和47年1月23日

和田町交差点のほうを望んだ写真で、道路の左側はビルが増えてきた。走るバスはトロリーバスの代替えの201系統の横浜駅西口行き。平成12年8月26日

トロリーバスは横浜新道の高架橋の下を通った所が和田町の電停だった。ここの西南の近くに相模鉄道の和田町駅がある。この駅は前身の神中《じんちゅう》鉄道の時の常盤園下駅であったが休止の時があった。昭和27年8月15日に和田町駅と改称して復活している。同駅のホームにある沿線の名所案内板に常盤園の「なんじゃもんじゃ」の木(別の愛称は文覚の木)の案内が書かれてあったのが印象に残る。名物のこの木は見ないで終ってしまった。

この電停のすぐ先で道路は左折し直線コースに入る。この付近では常盤台の丘陵が眼前に迫る。

道路の南側の酒屋の三浦屋と隣りの衣料品店のヨシヤは健在だったが、その隣りの二葉荘は四階建てのビルの太陽学院になっていた。

反対の北側の読売新聞の販売店は小さなビルのかもめ商会に、その隣りの日立ペイントは保土ケ谷ペイントに変っていた。この北側はまだ住宅が連立して昔の面影を少し残していた。

和田町交差点

←和田町
←常盤園前

◈わだまちこうさてん

ここはゆっくり回転して通過した

交差点を左折して八王子街道に出る101系統の105号。昭和47年1月23日

交差点の左の角にマンションのビルが建った。バスの後ろに見える登り坂は宮崎跨線橋へ通じる道路だ。平成12年8月26日

ここの交差点は道路が直角に交差していないので複雑だ。八王子街道のすぐ南側を相模鉄道と水道道《すいどうみち》が並行して走る。そのために水道道へ通じる道路は鈍角に岐れて宮崎跨線橋を渡る。街道の反対側の北側の岡沢町へ通じる道路は鋭角に岐れて山を登る。

トロリーバスはここで八王子街道から岐れて三ツ沢方面に走る。外廻りのトロリーバスはここで鋭角の外側をゆっくり回転するように交差点を通過していたのが印象に残っている。ここの電停名は全通した時には常盤園入口であったが、その後に和田町交差点になった。

交差点の角のガソリンスタンドは健在だった。交差点手前で道路南側の第一生命ビルの姿は昔のままだったが、商業ビルやマンションが多くなり、ここにも都市化の波が忍び寄っていた。早いものでトロリーバスが姿を消して約30年になった。その間に街路樹はすっかり成長したので、道路には潤いを感じるようになった。道路の先方は遮るものが無いので西谷浄水場の丘が今でも望めた。

常盤園前

←和田町交差点
←横浜新道

◆ときわえんまえ

ここでのUターンが謎だ

和田町交差点から岐れた登り坂の道路は広くなく、歩道は左の山側にしかない。この坂道の中程に常盤園前の停留場があった。トロリーバスが最初に開通したのは和田町のほうを経由して、ここが終点であった。終点での折り返しは市電は運転台が前後にあるので簡単だが、トロリーバスは片方にしかなく、ポールが付いているので大きくUターンをする必要がある。私はここが終点であった時の姿は見ていない。道幅が広くないのでどのようにUターンをしたのだろう。停留場の山側に今でも広い空地がある。おそらく、この空地へ入って方向転換をしたのだろう。

この空地の脇は常盤霊園で背後は高い丘が迫っている。道路の反対側を望むと高台なので和田町方面が一望できる。

道路の行く手は左カーブの深い切り通しだ。昔は山の上の家や常盤公園から南に走る道路橋がよく見えたが、今では樹木が成長して遮ぎられてしまった。今でも道路の右側のパンと煙草の販売店だけは往時の姿で健在だった。

切り通しの坂を登り三ツ沢方面へ走る102系統の113号。昭和47年1月30日

道路前方を横切る道路橋は見えなくなった。樹木の成長で山はたくましくなった。これは山の推移の記録写真になってしまった。平成12年8月26日

横浜新道

←常盤園前
←岡沢町

◆よこはましんどう

ここは30年前の景色を残している

電停に停車している102系統の118号。昭和47年1月30日

三ツ沢方面を見た写真で、高架の道路には騒音防止のフェンスが付いた位でほとんど変化が見られない。平成12年8月26日

深い切り通しを過ぎると右側の車窓に永い帯のようなフェンスが続くが、それがトンネルを抜け出た横浜新道だ。この付近で眼前が広がり、そこに横浜新道の停留場があった。

ここの西側は高い常盤台の丘が迫り、その奥には常盤公園や横浜国立大学があり、停留場の周辺は何も無い殺風景な所であった。今では丘の上には養護老人ホームや高層マンションが建ったので、この停留場付近には飲食店がある。

前述の切り通しの所に架かる橋は二本あって、北側のが人道橋の峰之橋で古くからあった。この峰之橋の上からトロリーバスを写した写真を友人から提供されたので、同地点で撮影しようと暑い日に長い石段を登って現場へ行った。橋上に立つと左右の崖から伸びた樹木の枝で眼前は完全に塞がれて撮影は不可能であった。疲れたので帰りに前述の飲食店で休んだ。

ここの風景は30年前と同じで、道路ばかりが目に入り絵にならない。やっと気付くのは遠くの丘の樹木の成長だった。

泉町
←鶴屋町三丁目　→泉町中央

◈いずみちょう

旧東海道の道筋が望見できる

ここは神奈川区の泉町で、このほかに泉区に和泉町があって複雑だ。ここの北方の松本町から鶴屋町三丁目を経て横浜駅西口に至る道路は横浜駅泉町線と呼んでいる。今ではこの下を地下鉄が走っている。この道路が下り始める箇所が泉町の停留場だった。トロリーバスが活躍していた昭和35年6月1日に松本と泉町の間に泉町中央、三ツ沢下町とガーデン下の間に島田橋の停留場が開設された。

この停留場の所には古くからの横断歩道橋が今でも存在する。この歩道橋の上から横浜駅西口のほうを眺めると高速道路橋よりも低い所に横に走る上台橋が目に入る。この橋の道は旧東海道の道筋で、沢渡の切り通しのために切断された旧道を連結している。その先の鶴屋町三丁目の交差点では、かつては市電とトロリーバスとの十字形の交差があった。

停留場の近くには東側に台町公園、西側に沢渡中央公園と神奈川学園があり、緑が多い静かな文教地区だ。道路の両側は横浜駅に近いためかビルが多くなり、街路樹も大きく育ったので谷間の様相になって来た。

横断歩道橋の上から眺めた横浜駅西口方面。101系の121号。昭和47年3月29日

ここは横浜駅やデパート、地下街などに近いので、上の写真でもビルが多いが、今ではさらに密集した。平成12年9月10日

横浜市電車両一覧

浜に登場した路面電車は形式別で分類するとトロリーバスと貨車を合せて29種類になる。ここでは紙面の関係で、戦後に躍した車両の18種類を紹介する。昭和23年10月1日に形式と車号の変更があり、ここでは変更後の形式を使用して説明する。

425号　高島町　昭和24年10月16日

400形（400～431）32両

前述のように419までは300形（310～329）の改造で、そのほかは地元の横浜船渠で作られた。改造車の方はヘッドライトがやや高い位置に付いていたので、前面の表情がやや細顔だった。麦田車庫に所属していた424号は戦前に車庫内で焼失したが、局工場で復旧した。空襲による焼失車は6両であった。昭和23年10月1日に焼失車による空番を詰めて車号を401～426とした。戦災車は改造名義で貨車に改造された。また廃車の17両の台車は700形に提供された。昭和35年には5両の車体に鉄板を貼る改造があった。この形式は昭和41年に消滅した。

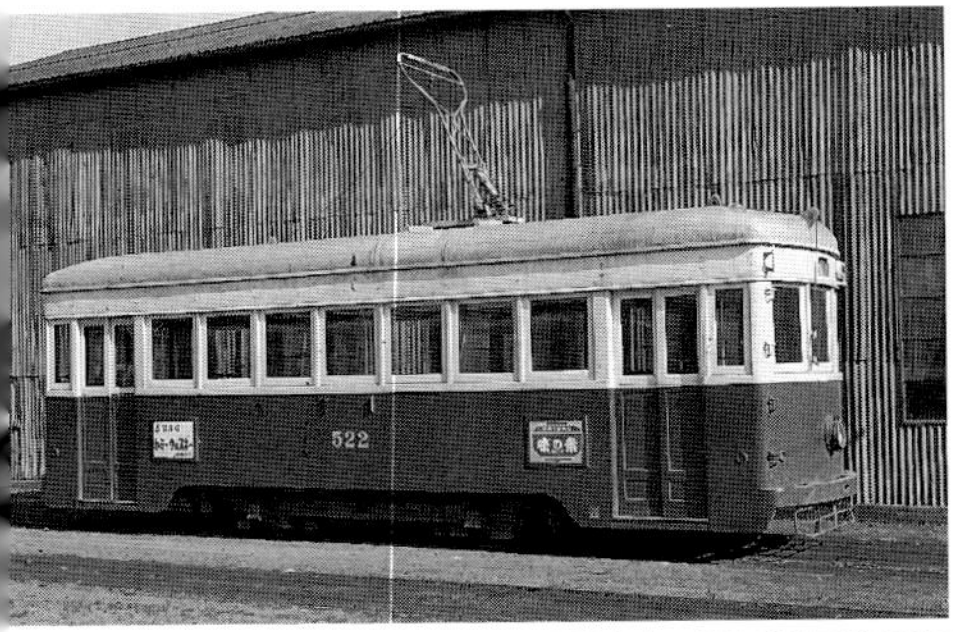

522号　滝頭車庫　昭和27年11月18日

500形（500~559）60両

これは震災復興のために昭和3年に3つのメーカーで20両ずつ作られた大形の単車で、馬力が強いので乗務員に喜ばれた。雨宮製のは屋根の張りが高く、車体の隅の柱にリベットが無いのが特徴であった。空襲前の各車庫への配属は滝頭が522まで、生麦が547まで、麦田はそれ以降であった。戦災で失った15両は復旧し600形になった。昭和23年10月1日に健全車の車号を詰めて501～545になった。市電保存館で余生を送っている523号の旧車号は521号である。戦前の玩具のような横浜独特の塗装は500形が最も似合った。この形式は昭和44年に消滅した。

216号　滝頭車庫／写真：臼井茂信

200形（200～228）24両

210～214は昭和7年～12年の間に局工場で改造され224～228になった。このグループは車体が少し永くなり、側面の窓が9個になった。216～218の台車はマウンテンギブソンであった。この200形はオープンデッキなので200・201は納涼電車に改造されたことがあった。戦前に11両が700形に改造され、ほかの13両は名義上で800形に改造された。藤永田造船所の製造のものは屋根の前後部の傾斜が強かったので、表情が変っていた。空襲の時には20両が在籍していたが、被害が無かったのは奇跡的であった。昭和22年には全て改造が完了し姿を消した。

戦前の塗装の300号　滝頭車庫／写真：臼井茂信

300形（300～380）81両

大正13・14年に364号までが木造車で作られ、昭和2年に365号以降が鋼鉄車で作られた。木造車と鋼鉄車が同形式なのは珍らしい。局工場で作られた309まででは屋根の前部の傾斜の箇所に梯子が付いていたので愛嬌があった。その後の大正15年に310～329の20両がエアーブレーキ付きに改造され、400形の400～419になった。335号は早くも昭和8年に廃車になったが、この理由は不明だ。戦災車の5両は昭和22年に700形（713～717）に改造され、ほかの戦災車の8両と廃車の2両は改造名義で800形になった。残る車両は昭和27年に廃車され姿を消した。

1011号　滝頭車庫　昭和43年2月25日

1000形 (1000～1019) 20両

前述の500形と好一対の横浜に相応しい大形ボギー車だった。車体の縁の絞りと前後扉の脇の壁が落ちついた雰囲気を出していた。馬力が弱いので登り坂は苦手だったが、大きな車体がゆっくり揺れるローリングは好きだった。中央扉は時代の要請に応じて1枚扉・2枚扉を繰り返した。中央扉の車掌はポールの操作を必要としないので、戦前はいつも女性車掌がここに乗務した。昭和23年10月1日に1000号を1020号にした。戦災車の4両は復旧した。昭和21年に1018号が生麦車庫で出火して焼失したが復旧した。昭和45年に姿を消している。

1101　洲崎神社前　昭和42年11月22日

1100形 (1100～1104) 5両

昭和11年に作られた横浜では初の中形ボギー車で、クロスシートとサイドシートの併用のロマンスカーであった。当初の配属は滝頭車庫と生麦車庫は各2両、麦田車庫は1両であった。今までボギー車の配属が無かった麦田車庫には初の配属になった。戦時中は市電の座席が半減されたが、この形式はクロスシートが撤去された。空襲で1100号が阪東橋で焼失し、昭和23年に復旧し1105号になった。昭和28年には1103号が1300形に使用のD14形の台車を付けて5年間走った。全車ワンマンカーに改造され、全廃時まで3両が走った。

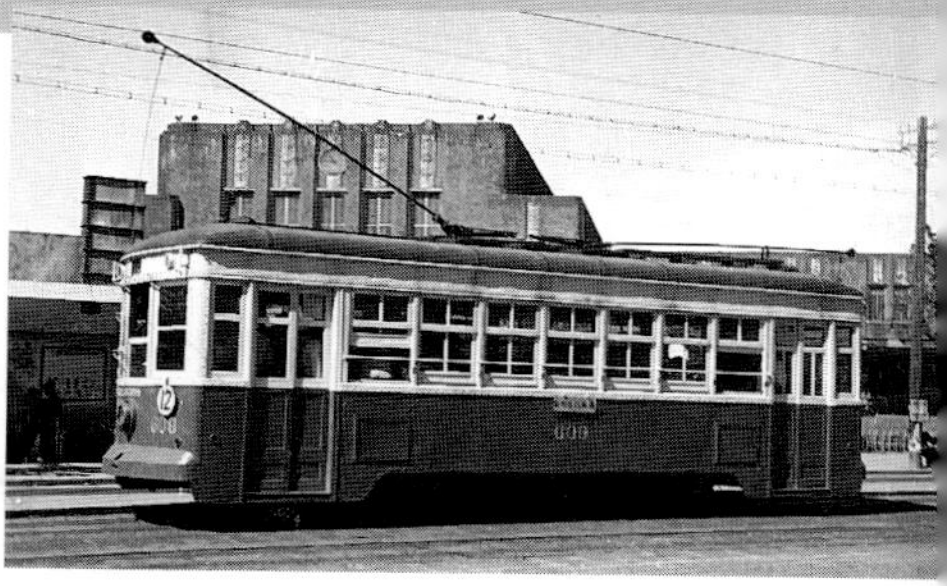

609号　横浜駅前　昭和24年10月2

600形 (601～615) 15両

500形の戦災車15両を三菱横浜造船所で復旧したもので昭和22年に完成した。焼失前の500形より屋根が浅く、窓が上昇式になってスタイルが良くなった。昭和41年に5両が更新され方向幕が拡大された。昭和44年に廃車になった。

703号　滝頭車庫　昭和39年6月7日

700形 (701～717) 17両

712までは戦前に200形と貨車を改造、713以降は昭和22年に戦災の300形を復旧して作った。ハンドブレーキだったが、昭和26・27年に廃車の400形の台車を付けてエアーブレーキになった。昭和42年までに廃車になった。

803号　滝頭車庫　昭和39年6月7日

800形 (801～832) 32両

この800形は200形、300形、成田鉄道の改造名義で作られ、車体長が10mなので日本で最長の単車であった。810までは木造車であった。ほとんどが改造名義で1150形に改造され、昭和40年に姿を消した。乗心地は最悪であった。

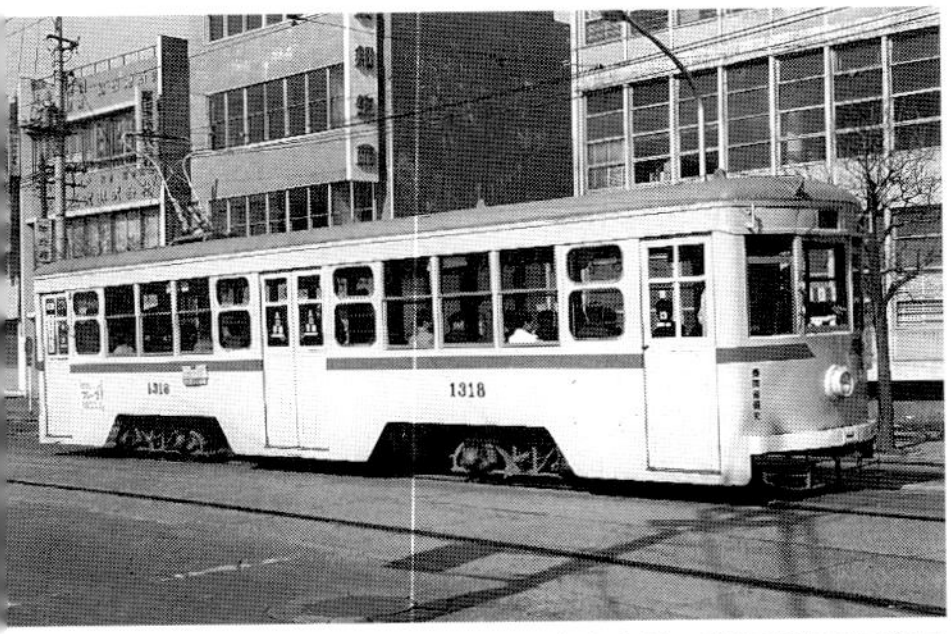

1318号　市庁舎前　昭和40年2月21日

1300形 (1301～1330) 30両

昭和22年に製造された時は3000形だった。戦後に全国から殺到する車両製造の注文を捌くために標準設計が定められ、被害に応じて両数が割振られた。この標準設計によって作られたのが、この形式だった。昭和23年10月1日の形式変更によって1300形になった。運転台の2枚折戸は珍らしかった。昭和38年から10両ずつ3次にわたる改造があった。1329号は1500形の製造前に間接制御の試験車になった。1313号は昭和40年に長者町一丁目で焼失した。この形式は車掌が乗務した最後の市電で、長者町線の廃止で廃車になった。

1401号　滝頭車庫　昭和44年8月10日

1400形 (1401～1410) 10両

昭和24年に日本貿易博覧会が反町公園と野毛山公園で開催された。この1400形はこの博覧会の開催中に作られ、早速に会場連絡車に使われた。この車両は基本的には1000形と同じであった。違うのは横浜では初のウインドシールとウインドヘッダーの無いもので、初のドアーエンジン付きであった。車内灯はチューブ電灯を使用した。1407号は昭和28年に衝突事故に遭って損傷したが復旧した。大形の3扉ボギー車はワンマンカーに改造できないので末路は哀れで、昭和45年に姿を消した。この形式は今では保存されたものは無く、寂しい。

1162号　滝頭車庫　昭和28年8月2日

1150形 (1151～1172) 22両

後述の間接制御の1500形の後に作られた。この形式は費用の関係で直接制御であったが、車体はいつでも間接制御に改造できるように設計され、1100形と同じ中形ボギー車であるために1150形とした。1170までの20両は800形の改造名義である。1155号はワンマンカーで作られたが、組合の反対によって普通車に戻された。1171、1172は局工場で作られ、塗装試験車として茶と黄を混ぜたブラウン色に塗られていた(8頁参照)。この形式の特徴は屋根上のベンチレーターであった。昭和42年にワンマンカーに改造された。市電全廃前に6両が廃車された。

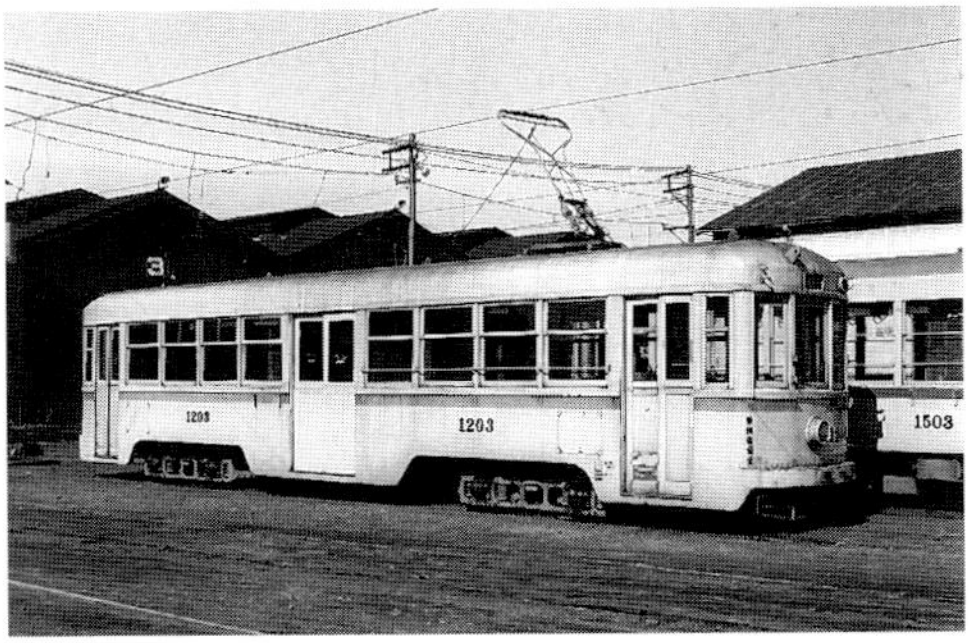

1203号　滝頭車庫　昭和41年4月3日

1200形 (1201～1205) 5両

昭和15年は紀元2600年で、これを記念して作ったので2600形にした。この形式は横浜では初の張り上げ屋根で、大きな窓になった。また鋳鋼台車は珍らしかった。空襲で2603号が高島駅前付近で焼失したが、戦後に復旧した。昭和23年10月1日の形式変更によって1200形になった。1203号は昭和33年に塗装試験車になった。昭和42年に全車が更新修繕されウインドシールの撤去、方向幕の拡大が施行されたが、同45年に廃車になった。この形式は製造されて廃車になるまで滝頭車庫の所属であった。1205号は本牧市民公園に保存されたが、撤去されてしまった。

10号　滝頭車庫　昭和44年12月4日

無蓋貨車 1形(1~15) 15両

無蓋貨車は廃車を利用して簡単に改造できるので、その時の要請に応じて同じ車号の貨車を再生したりするので複雑だった。車号は1号から15号まで使われた。最後まで残ったのは10号で花電車になり、元の姿で保存館で余生を送っている。

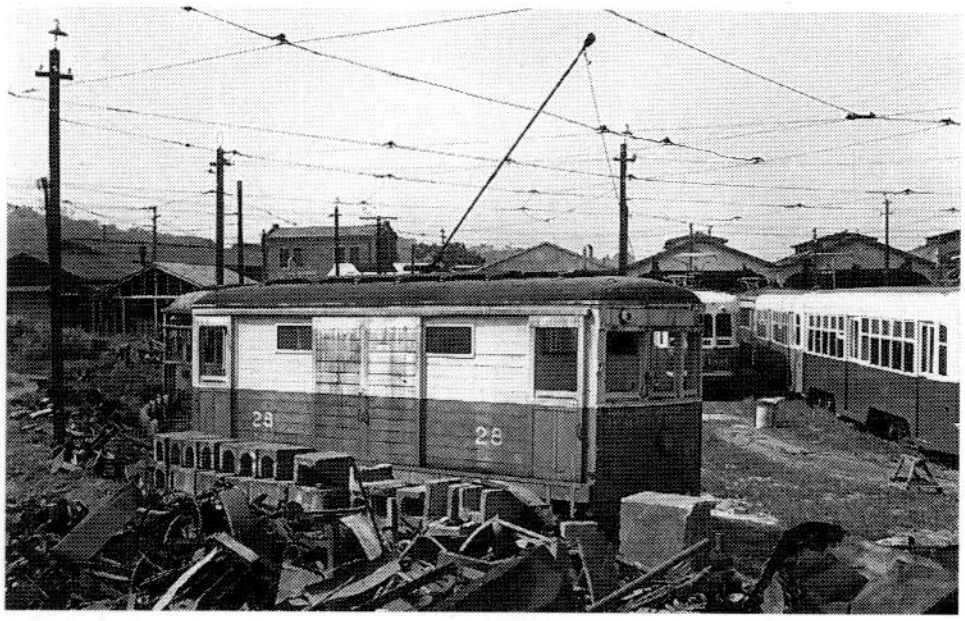

28号　滝頭車庫　昭和24年8月14日

有蓋貨車 20形(21~30) 10両

昭和22年に23号までは戦災の400形の改造名義で、ほかは廃車の300形を横浜車両で改造した。全て滝頭車庫の所属で、中央市場からの物資の輸送に使用された。昭和38年には全て廃車になった。

旧川崎市　124号　浅間町車庫　昭和47年1月23日

トロリーバス 100形 (101~124) 24両

これは日本で最初のワンマン方式のトロリーバスであった。ワンマンではポールの監視が必要で、運転台の上の通風蓋の内側にバックミラーを付ける苦肉の方法で許可を取った。雨の日にはどうなったのだろうか。最後の4両は廃止された川崎市の700形を購入した。

製造当時の姿　1507号　屏風ケ浦　昭和26年9月2日

1500形 (1501~1520) 20両

戦後すぐに路面電車の活性化が図られ、東京、横浜、大阪ではPCCカーと呼ばれる優秀車が登場した。横浜のものは昭和26年に製造された1500形で、間接制御(デットマン付)、発電制動、防振台車、ストップランプ、運転椅子を備え精鋭な塗装で登場した。モーターが4個のため登坂に強かった。従来の新車は限られた系統に使用する事が慣習であったが、この形式は最初から全ての系統に使用したのは珍らしかった。後に街に自動車が溢れて優秀な装備は不要になり、昭和42年にワンマンカーに改造の時に直接制御に改造され、市電廃止の最後の日まで走った。

製造当時の姿　1601号　滝頭車庫　昭和33年1月4日

1600形 (1601~1606) 6両

昭和32年に局工場で製造され、横浜では初の中部扉であった。扉は4枚の折戸のために戸袋は必要ないが、扉の姿は暑い感じだった。中部扉のために乗客に監視されるのか、車掌に嫌われた。前面窓と方向幕は最大のものになった。前面の左右の小さな窓は有機ガラスを使用した。床下には前後方向に太い鋼管を入れ、それを空気溜めに使用と言う新しい構造にした。2両ずつ3つの車庫に配属された。この完成によって800形6両が廃車になった。昭和39年に更新修繕されたが、昭和45年に全て廃車になり、13年の短い生涯であった。

車両諸元表

市電

形式	車号	両数	構造	車体製作所	製造初年	備考
1	1	1	木造	豊岡工場	明治37	大正11～14廃車
	2	1	〃	天沼工場	〃	〃
	3・4	2	〃	東京車両	〃	〃
5	5～13	9	〃	〃	〃	大正11～昭和5廃車
	14～22	9	〃	天沼工場	〃	〃
	23・24	2	〃	東京車両	〃	〃
	25～30	6	〃	〃	明治39	〃
31	31	1	〃	天野工場	〃	震災で大破
	32～35	4	〃	〃	明治43	震災で焼失
36	36	1	〃	横浜電気鉄道	〃	大正14～昭和5廃車
	37～43	7	〃	日本軌道	明治44	〃
	44～64	21	〃	〃	明治45	〃
	65～93	29	〃	〃	大正2	〃
94	94・95	2	〃	日本車両	大正4	旧東京市電、大正14廃車
	96～101	6	〃	〃	大正8	大正14廃車
	102～105	4	〃	〃	大正9	〃
106	106・107	2	〃	横浜電気鉄道	〃	震災で焼失
111	111～120	10	〃	梅鉢工場	〃	昭和8～11廃車
121	121～130	10	〃	旧東京市電	大正10購入	大正14～昭和2廃車
131	131～150	20	〃	枝光鉄工場	大正11	昭和7～13廃車
151	151～166	16	〃	旧京王電気軌道	大正12購入	大正14～昭和7廃車
167	167～191	25	〃	旧大阪市電	〃	〃
200	200～209	10	〃	藤永田造船所	大正12	
	215～223	9	〃	交通局工場	大正13	
	224～228	5	〃	藤永田造船所	大正12	210～214号を改造
300	300～309	10	〃	交通局工場	大正13	昭和8～26廃車
	330～339	10	〃	日本車両	大正14	〃
	340～364	25	〃	東京瓦斯電気	〃	昭和25～26廃車
	365～380	16	鋼鉄	田中車両	昭和2	昭和25～27廃車
400	400～419	20	木造	東京瓦斯電気	大正13	310～329を改造
	420～431	12	〃	横浜船渠	大正15	昭和27～41廃車
500	500～519	20	鋼鉄	東京瓦斯電気	昭和3	昭和42～44廃車
	520～539	20	〃	蒲田車両	〃	〃
	540～559	20	〃	雨宮製作所	〃	昭和43～44廃車
600	601～615	15	〃	三菱／横浜	昭和22	500形の戦災復旧車
700	701～717	17	木造	交通局工場	昭和14	200形ほかの改造車
800	801～810	10	〃	木南車両	昭和21	後に鋼鉄車に改造
	811～832	22	鋼鉄	〃	昭和22	昭和31～40廃車
1000	1000～1009	10	〃	蒲田車両	昭和3	1001～1020に車号変更
	1010～1019	10	〃	雨宮製作所	〃	
1100	1100～1104	5	〃	梅鉢車両	昭和11	1101～1105に車号変更
1150	1151～1155	5	〃	宇都宮車両	昭和27	昭和42ワンマン改造
	1156～1160	5	〃	ナニワ工機	〃	〃
	1161～1167	7	〃	〃	昭和28	〃
	1168～1170	3	〃	宇都宮車両	〃	〃
	1171・1172	2	〃	交通局工場	昭和29	昭和43ワンマン改造
1200	1201～1205	5	〃	木南車両	昭和17	旧2600形を車号変更
1300	1301～1330	30	〃	汽車会社	昭和22	旧3000形を車号変更
1400	1401～1410	10	〃	木南車両	昭和24	昭和44～45廃車
1500	1501～1520	20	〃	日立製作所	昭和26	昭和42ワンマン改造
1600	1601～1606	6	〃	交通局工場	昭和32	昭和44～45廃車

トロリーバス

形式	車号	両数	構造	車体製作所	製造初年	備考
100	101～112	12	鋼鉄	東急車両製作所	昭和34	クロス・サイドシート
	113～115	3	〃	〃	昭和35	〃
	116～118	3	〃	富士重工業	昭和37	サイドシート
	119・120	2	〃	〃	昭和39	〃
	121～124	4	〃	〃	昭和42購入	旧川崎市700形

横浜市電の特徴

横浜市電はほかの都市では見られない港街らしい特徴が多かったので紹介しよう。開業した頃の1形や5形の車号はII、VI、IXなどのローマ数字を使っていた。日本でローマ数字を使用した電車は横浜のほかに京都電気鉄道(京都市電の前身)と名古屋鉄道しかない。昔の電車の腰羽目には縁取り模様が描かれたが、横浜電気鉄道時代のものは角が横浜らしい錨《いかり》の模様であった。方向幕は市の中心地から北方向のは赤、西方向のは白、南方向のは青と色区別をした(7頁参照)。

また方向幕、切符や安全島の表示などには英語を付記していた。市電の塗装や切符には横浜が好む青色が多用されている。昭和31年の井土ケ谷線開通ではほかの都市では見られない開通記念乗継優待券が発行された(7頁参照)。朝夕の混雑時は運転間隔が短くなるが、特に混雑する区間には系統板に「補」と書いた補充車が走り異彩を放っていた。

運転では古くから循環運転が好きで、これはトロリーバスにも見られた。最後に廃止された系統も循環運転だった。また横浜のトロリーバスは日本で最初のワンマン方式であった。廃車をほかの都市から譲ってもらったことはあるが、ほかの都市へ譲ったことが無いのは六大都市で横浜だけだった。

昭和21年に製造された８００形は、単車では車体長が日本で最長の10mであった。また麦田のトンネルは市電としては立派な貫禄あるものであった。

大正末期の単線の尾上町の電停風景で、当時の風俗が印象的だ。安全地帯のポールには英語が併記されている。327号。尾上町にて。大正末期／写真：杵屋栄二

「補」の系統板を付けた1500形がトンネルに入る横浜市電の素晴らしい風景。1516号。麦田町にて。昭和29年9月20日

市電の一生

市電はバスやトロリーバスと違って路線の建設も撤去も大変だ。完成すると待望の開通式があって見物人で賑やかになる。市電の新車の登場は嬉しいが、その影では古い車両は淘汰されて市中から姿を消して行く。また事故で損傷を受ける事もある。人生と同じ運命だ。

やがて道路の交通事情によって廃止になった。最終電車の乗務員に花束の贈呈は悲しい情景だ。やがて市民の目に触れない車庫でひっそりと市電の解体が始まる。ここは火葬場のようで涙を誘う。最後は軌道の撤去で市電の一生は終焉を迎える。市電保存館の7両の市電は幸せだが走れない。

今では市電を知らない市民が多くなってしまった。時代はとめどもなく進んで行く。

井土ケ谷線の建設で働く無蓋貨車8号。保土ケ谷駅付近にて。昭和29年2月21日

西神奈川町二丁目で大形トラックと衝突した1319号。滝頭車庫にて。昭和35年3月16日

根岸線開通の発車式の1172号。中根岸町二丁目にて。昭和30年3月31日

滝頭車庫での市電の解体風景。昭和44年12月7日

軌道の撤去風景。野毛坂付近にて。昭和46年3月28日

車庫の変遷

市電とトロリーバスの車庫は4ケ所あった。どの車庫も配車する受持ちの系統が決められていた。永い時代の推移では運転系統の変更はたびたびあったが、3系統は全ての車庫の車が走ったことが珍らしかった。ここに車庫の変遷を簡単に述べることにする。

麦田車庫

明治44年(1911)の本牧線の開通後に桜道下の電停の所に市電の留置線が作られた。昭和3年3月3日に車庫が完成、同年10月15日に麦田車庫に改称された。昭和45年7月1日の本牧線の廃止で車庫は廃止された。跡地には老人福祉センターの麦田清風荘が建ち、昭和63年2月に麦田車庫跡地の碑が建立された。

廃止4日前の寂しい表情の1513号。昭和45年6月27日

浅間町車庫

昭和2年12月20日の浅間町線の開通の時に完成し、昭和3年のバスの開業でバスと共用になった。その後の昭和7年にバス専用になり、空襲で焼失した。昭和34年にトロバスの専用になり、昭和41年に市電・トロバス・バスの共用となった。その後の昭和44年にトロバス専用になり、昭和47年にバス専用になった。

車庫の脇の側線には可愛いセンターポールがあった。昭和44年6月15日

滝頭車庫

明治45年(1912)4月13日に杉田線(開通当時は磯子線)の駿河橋～八幡橋間が開通した時に車庫が完成した。ここは最大の車庫で工場も併設していたので受持ちの系統が多かった。ここには交通局も存在していたことがあった。最後に廃止された車庫で、今ではバスの車庫になっている。

市電の後ろの棟は工場、右の白い棟は車庫。昭和41年12月15日

生麦車庫

横浜電気鉄道時代の明治36年(1903)12月29日に高島町車庫が完成した。その後の昭和3年6月1日に生麦車庫が完成したので高島町車庫はここに移設した。鶴見線も受持った。昭和41年8月1日の生麦・中央市場線の廃止で、車庫はバス専用の鶴見車庫になり、市電は浅間町車庫へ引越した。

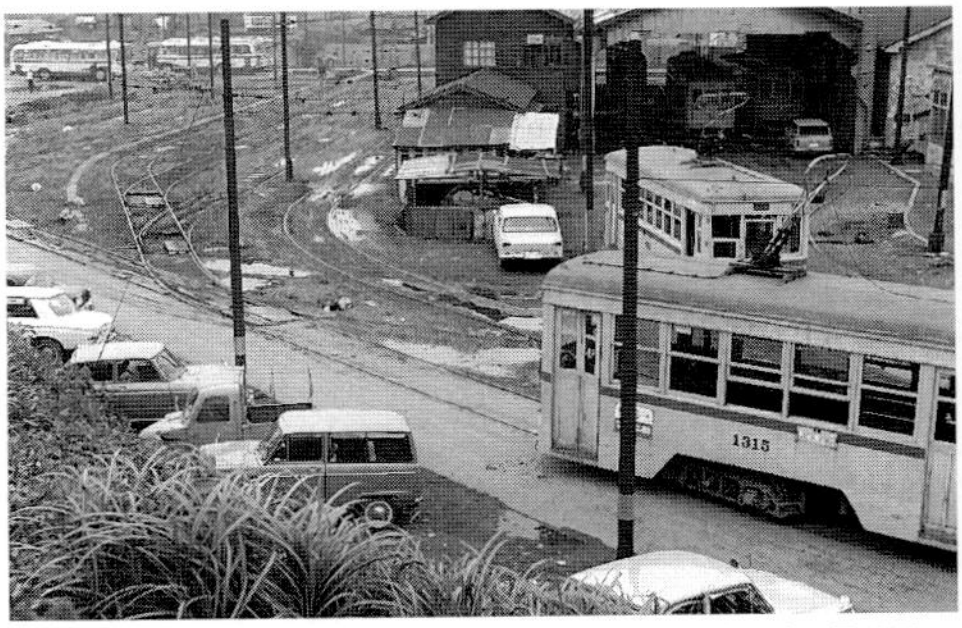

廃止直前のため線路は縮小しバスが進出した。昭和41年7月10日

記念乗車券

何かを記念して発売される特別な絵柄の乗車券を記念乗車券と言っている。券面に「記念」の字が無くても、その発売の趣旨が記念に相応しい場合であればこれに含まれる。

横浜で最初の記念乗車券は横浜電気鉄道が大正4年（1915）11月10日に発売した大典記念乗車券であった。これは日本で五番目に発売された記念乗車券で珍品である。この券は往復券で九銭であった。券面の図柄を良く見ると左近の桜と右近の橘が描かれている。当時の人はこのように意匠にこだわったことに興味が沸いてくる。昨今の図柄では、このような気配りのものは皆無と言えよう。

昭和22年8月15日に発売された貿易復興祭の記念乗車券は抽選番号入りであった。また、珍品は昭和31年4月1日に発行した井土ケ谷線開通記念乗継券（7頁参照）で、このような記念乗継券はほかの都市では見られない。

市電の廃止後の市民の足は地下鉄に移行したが、記念乗車券の発売は地下鉄に継承されて現在に至っている。形態は時代の推移で紙片からカードになった。市電と地下鉄とで発売された記念乗車券は現在で125種類になっている。

読者の皆さんは何種類をお持ちでしょうか。

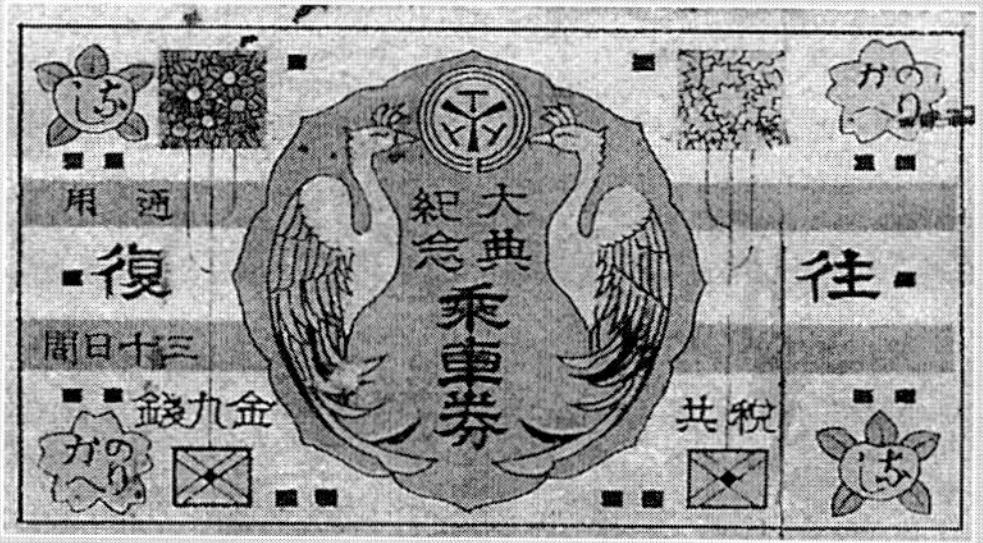

大正4年11月10日発売　大典記念乗車券　往復九銭

記念乗車券発売一覧表

発　売　日	記　念　事　項
大正4年11月10日	大典記念
昭和4年4月23日	復興記念
8年12月29日	皇太子殿下御降誕奉祝記念
10年3月26日	復興記念横浜大博覧会記念（1次）
4月20日	〃　（2次）
5月18日	〃　（3次）
11年9月22日	開局15周年市電愛用デー
12年6月2日	埋立祝賀開港記念祭
13年6月2日	開港記念祭
15年2月11日	建国二千六百年紀元節記念
11月10日	紀元二千六百年奉祝記念
16年4月1日	市営二十周年記念
21年11月3日	日本国憲法公布記念
22年8月15日	貿易復興祭記念
24年3月15日	日本貿易博覧会記念（1次）
5月1日	〃　（2次）
6月1日	横浜開港並日本貿易博覧会記念（3次）
9月15日	第4回国体水上競技大会記念
25年6月1日	開港記念ハマ祭祝賀
26年4月1日	横浜市交通局三十周年記念
7月7日	みなと祭
27年6月1日	〃
29年4月5日	開国百年祭記念（1次）
6月1日	〃　（2次）
30年6月1日	開港97年みなと祭記念
10月30日	第10回国民体育大会記念
32年5月26日	開港99年と国鉄根岸線祝賀
33年5月10日	横浜開港百年祭
34年6月1日	開港百一年みなと祭記念
35年6月1日	〃百二年　〃
36年6月1日	〃103年　〃
37年6月1日	〃104年　〃
38年6月1日	〃105年　〃
39年6月1日	〃106年　〃
10月10日	オリンピック東京大会記念
40年6月1日	開港107年みなと祭記念
41年6月1日	〃108年　〃
42年6月1日	〃109年　〃
43年6月1日	〃110年　〃
10月1日	地下鉄起工記念
44年6月1日	開港111年みなと祭記念
45年6月2日	〃112年　〃
46年6月1日	〃113年　〃
47年3月1日	さようなら横浜市電トロリーバス記念

※最初のもののみは横浜電気鉄道が発売

横浜市電保存館

市電が廃止になった翌年の昭和48年8月25日に、滝頭《たきがしら》のバス車庫の一隅に初代の横浜市電保存館が開館した。その後の昭和58年8月13日に同所に五階建ての市営住宅が建てられ、その一階が保存館になった。愛称名は一般募集でトラム・ポートに決定した。この二代目の完成から年末・年始・月曜日、祝日の翌日以外を開館日とした。ほとんど年間を通しての開館は全国でも珍らしい。この保存館は横浜市交通局協力会が運営している。

ここに展示されている市電は無蓋貨車10、523、1007、1104、1311、1510、1601号の7両だ。私が、昭和3年に製造された523号を製造当時の塗装に復元してほしいと申し入れたところ、それが実現した。彩色に関しては市電に詳しい友人の市瀬哲雄氏の協力を仰いだ。

523号が、クリームとコバルトブルーの肌に中華風の縁取り模様が描かれて若返ったのは昭和50年8月16日だった。この塗装についての説明板が無いのが残念だ。

館内にはこのほかに市電の部品、切符、写真、運転系統図、模型などが展示され、鉄道模型のレイアウト、地下鉄運転台のシミュレーターなども設置されている。足の便はJRの桜木町駅前か根岸駅前から21系統の市電保存館行きのバスを利用されると良い。

横浜市電保存館
横浜市磯子区滝頭3・1・53
☎045・754・8505
9時30分～17時開館　入館料200円

保存館の正面、右はバスの車庫。平成12年7月30日

館内の車両展示、手前から1007、1104、1311、1601、1510号。平成9年9月14日

製造当時の塗装に復元された523号。平成9年9月14日

保存車両

横浜市電保存館以外で保存していた市電そのほかについて説明する。横浜市電の路線廃止は昭和41年8月1日の生麦線と中央市場線の廃止以後は部分廃止が6年間も続き、昭和47年4月1日に全廃した。この部分廃止で余剰になった市電の一部は学校、学園、団地、公園、企業、個人などに供出し、第二の人生を歩んだ。供出したのは37両と2件であった。この2件は車輪の展示である。設置して最初は珍らしがられて大切にされたが、その後の約30年を経過した今では無情の人たちによる部品の盗難や窓ガラスの破損、落書きなど、目にあまる被害に遭った。その結果、解体されたものが続出した。平成13年夏現在で現存するのは6両と2件だけになってしまった。いっぽう、車輪は鉄の塊で重いので破損と盗難の心配が無い。

供出車両一覧表

車号	運搬日	設置場所	住所
422	昭和41年5月16日	野毛山動物園	西区老松町
420	8月30日	白根学園	保土ケ谷区白根町
419	8月31日	ひばり丘学園	南区下永谷
421	9月22日	万騎ケ原第5公園	保土ケ谷区万騎ケ原
703	9月17日	釜利谷第2公園	金沢区釜利谷町
702	9月21日	瀬谷第2公園	瀬谷区瀬谷町
519	昭和42年8月21日	久里浜米海軍基地公園	横須賀市
516	昭和43年3月28日	松風学園	戸塚区上飯田町
540	3月29日	くるみ学園	保土ケ谷区金ケ谷町
503	3月26日	日本水上学園	中区山手町
504	3月30日	恵和学園	保土ケ谷区今井町
544	10月15日	滝頭小学校	磯子区丸山町
518	12月19日	越後湯沢スキー場	新潟県湯沢町
529	12月21日	〃	〃
521	昭和44年1月13日	越後石打スキー場	〃
611	5月12日	個人(根本正和)	南区永田町
608	5月20日	鎌倉ハムクラウン商会	磯子区磯子
1014	11月5日	田辺運輸(株)	平塚市田村字塚越
511	11月21日	個人(浜名信也)	藤沢市長後
1017	11月25日	鹿沼公園交通公園コーナー	相模原市鹿沼台
1410	昭和45年7月13日	静岡ドライブイン	静岡市丸子町
1205	昭和46年2月10日	本牧市民公園	中区大里町
車輪	6月27日	老松中学校	西区老松町
〃	10月1日	西中学校	西区西戸部町
1201	12月7日	辻堂海浜公園	藤沢市辻堂西海岸
1504	昭和47年3月30日	後谷児童公園	緑区十日市場町
1520	5月29日	個人(池上与仁)	港南区笹下町
1511	6月6日	東洋興発	戸塚区上倉田町
1508	8月3日	中田小学校	戸塚区中田町
1156	8月4日	久良岐公園	港南区上大岡町
1503	8月5日	わかめ文庫	鶴見区獅子ケ谷町
1152	8月6日	野島公園	金沢区野島町
1161	8月13日	勝田団地	港北区勝田町
1165	8月14日	子供の国	緑区奈良町
1513	8月15日	保土ケ谷児童公園	保土ケ谷区狩場町
1164	8月30日	ひかりが丘団地	旭区上白根町
1169	8月31日	上瀬谷小学校	瀬谷区瀬谷町
1505	9月13日	県警交通安全センター	神奈川区六角橋
1518	9月14日	野毛山動物園	西区老松町

現存する保存車両たち

1500形　1508号　戸塚区中田町

中田小学校の校庭の校舎側の林の中に保存してあり、外部から自由に入れるので部品の盗難がひどく状態は全く悪い。近い内に解体か。

撮影・平成８年11月16日

1000形　1017号　相模原市鹿沼台

1017号を保存したが部品の盗難がひどく、車体に鉄板を貼ってペンキで車体と乗客を描いた。車号は誤って1011号になってしまった。　撮影・平成３年１月19日

500形　529号　新潟県湯沢町

越後交通の八木沢口バス停の待合所に利用されている。鉄の車体があるだけで部品は無く、内部は粗末な椅子があるだけだ。

撮影・平成10年７月13日
写真・荒井　稔

1500形　1505号　神奈川区六角橋

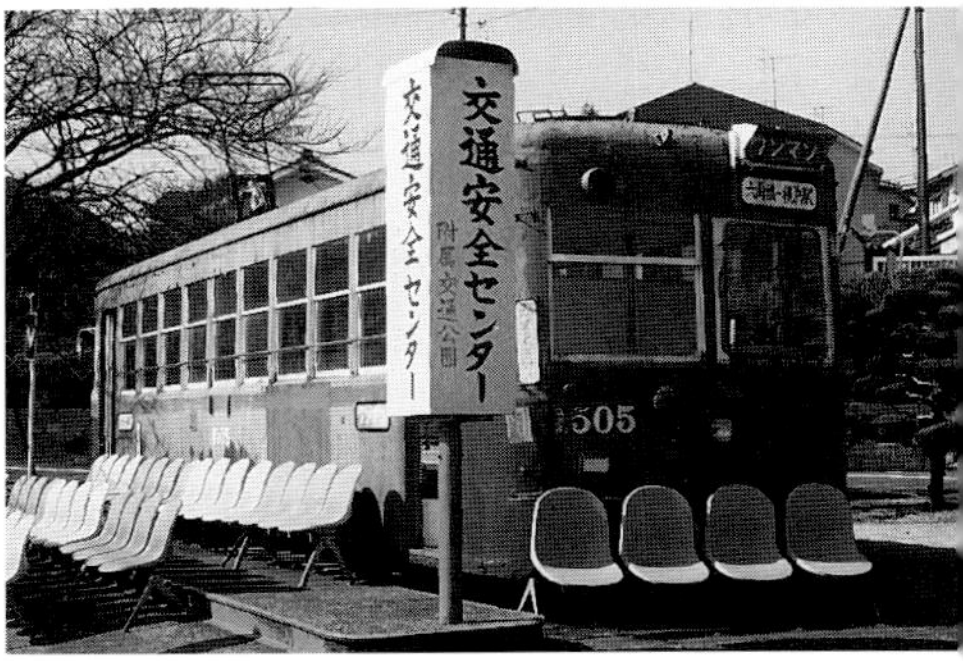

県警交通安全センターの柵で囲まれた交通公園に保存してあり、断らないと入れない。保存場所が警察なので状態は良い。変わった塗装が気になる。

撮影・平成５年１月30日

1500形　1518号　西区老松町

野毛山動物園に最初に搬入した422号が朽ちたので代替えで保存した。部品の盗難がひどく、片方の運転台は完全に消滅している。　撮影・平成9年3月30日

1150形　1156号　港南区上大岡町

久良岐公園内の広い場所に柵で囲んで保存してあり、時間を限って開放しているのに部品の盗難と窓ガラスの破損が多く、状態が悪い。撮影・平成８年７月13日

横浜市電関連年表

明治37年7月15日	第1期線(神奈川線)神奈川～大江橋間開通
明治38年7月24日	第2期線の1　大江橋～西の橋間開通
12月25日	住吉町線　馬車道～住吉町一丁目間単線開通
	第2期線の2(税関線)尾上町一丁目～花園橋間開通
明治44年12月23日	羽衣町線　馬車道～駿河橋間開通
12月26日	本牧線　西の橋～本牧原間開通
明治45年4月13日	滝頭線　駿河橋～八幡橋間開通、滝頭車庫完成
大正2年2月21日	西戸部線　戸部橋～日本橋間開通
9月14日	大岡川線　駿河橋～お三の宮間開通
大正3年9月19日	大岡川線　お三の宮～弘明寺間開通
大正5年10月21日	西戸部線　戸部橋～横浜駅前間開通
大正8年1月15日	西戸部線　横浜駅前～花咲橋間開通
大正10年4月1日	横浜市は横浜電気鉄道を買収
大正13年4月1日	間門線　本牧～間門間開通
大正14年4月7日	色付きの方向幕を使用
4月20日	磯子線　八幡橋～磯子間開通
11月5日	杉田線　磯子～聖天橋間開通
昭和2年2月17日	杉田線　聖天橋～杉田間開通
3月30日	花園橋線　花園橋～千歳橋間開通
5月15日	西戸部線　霞町～初音町間移設
9月16日	長者町線　長者町五丁目～車橋間開通
12月20日	浅間町線　青木橋～洪福寺前間開通、浅間町車庫完成
昭和3年3月3日	桜道下車庫再建
3月14日	生麦車庫完成
5月15日	久保町線　塩田～久保町間開通
5月29日	長者町線　西平沼橋～野毛坂間開通
6月1日	子安線　生麦～金港橋間開通
6月16日	磯子線　南六ツ目～中村橋間開通
6月21日	柳町線　青木橋～東神奈川駅西口間開通
6月24日	税関線　住吉町一丁目～山下町間廃止
7月6日	久保山線　初音町～阪東橋間移設
7月12日	系統番号を採用(12系統まで)
8月7日	羽衣町線　足曳町～駿河橋間移設
8月27日	車橋線　車橋～山元町間開通
	久保山線　阪東橋～南四ツ目間開通
9月5日	羽衣町線　馬車道～羽衣橋間移設
	本牧線　馬車道～真砂町一丁目間複線化、南行廃止
10月15日	桜道下車庫を麦田車庫に改称
10月25日	太田町線　本町三丁目～尾上町間開通
11月7日	長者町線　野毛坂～長者町五丁目間開通
	1000形使用開始
11月10日	市バス営業開始、浅間町車庫は電車とバスの共用となる
12月3日	本町線　桜木町駅前～山下町間開通
	万国橋線　本町四丁目～万国橋間開通
12月11日	六角橋線　東神奈川駅西口～東白楽間開通
12月28日	六角橋線　東白楽～六角橋間開通(中断あり)
	日の出町線　吉野町三丁目～日の出町一丁目間開通
昭和4年4月5日	久保町線　久保町～道上間開通
6月11日	青木橋線　青木橋～青木通間開通
7月10日	緑橋線　日の出町一丁目～桜木町駅前間開通
11月20日	万国橋線　本町四丁目～万国橋間廃止
昭和5年6月25日	平沼線　浅間下～高島町間開通
10月1日	浅間町線　洪福寺前～浜松町間開通
11月1日	六角橋線　東白楽の中断解消
12月28日	保土ケ谷線　道上～保土ケ谷駅間開通
昭和6年4月1日	ダブルポールをシングルポールに改良
昭和9年6月13日	市電に女性車掌登場
昭和14年7月1日	11系統を新設
昭和15年8月1日	急行運転を実施
昭和18年10月	市電の車掌は全て女性車掌となる
昭和19年8月10日	鶴見線　生麦～鶴見駅前間開通(単線)
12月26日	鶴見線複線化
昭和20年5月29日	横浜大空襲
5月30日	鶴見線　生麦～鶴見駅前間廃止
昭和21年6月1日	横浜市電気局は横浜市交通局に改称
	市電の乗り切り制度実施
昭和22年4月1日	3000形(3001～3005)投入
9月10日	12系統新設
昭和23年10月1日	形式称号と車号の変更を実施
	(2600形→1200形、3000形→1300形)
11月10日	中央市場線　中央市場前～中央市場間開通
	(単線、貨物線)
12月	ポールのビューゲル化が始まる
昭和24年2月1日	13系統新設
3月	1400形投入
昭和26年5月	1500形投入
昭和27年8月	1150形投入
昭和29年5月10日	井土ケ谷線　保土ケ谷駅～保土ケ谷橋間開通
10月30日	久保町～西久保町間で543号が脱線、暴走の事故発生
昭和30年4月1日	根岸線　間門～八幡橋間開通
昭和31年4月1日	井土ケ谷線　保土ケ谷橋～通町一丁目間開通
昭和32年4月1日	16、18、23、26系統新設
昭和33年1月	1600形投入
昭和34年7月16日	トロリーバス、三ツ沢西町～横浜駅西口～常盤園前間開通
11月5日	23、26系統廃止
12月1日	トロリーバス、三ツ沢西町～常盤園前間開通し循環運転となる
昭和40年4月11日	長者町三丁目で1313号焼失の事故発生
4月12日	16、18系統廃止
昭和41年5月16日	初の供出車を野毛山動物園に搬出(422号)
8月1日	生麦線・中央市場線廃止
	生麦線(生麦～洲崎神社前間)
	中央市場線(神奈川会館前～中央市場間)
	生麦車庫廃止、浅間町車庫再開
昭和42年6月9日	ワンマンカー完成(1150形)
8月1日	杉田線廃止
	杉田線(葦名橋～杉田間)
12月18日	4・5系統にワンマンカー使用
昭和43年9月1日	6路線廃止
	六角橋線(六角橋～青木通間)
	浅間町線(青木橋～浅間下間)
	尾張屋橋線(洪福寺前～浜松町間)
	井土ケ谷線(保土ケ谷橋～通町一丁目間)
	弘明寺線(吉野町三丁目～弘明寺間)
	間門線(本牧三渓園前～八幡橋間)
昭和44年6月1日	羽衣町線の一部を廃止
	羽衣町線(阪東橋～吉野町三丁目間)
	13系統は経由地を変更
7月1日	平沼線・浅間町線廃止、浅間町車庫廃止
	平沼線(高島町～浅間下間)
	浅間町線(浅間下～洪福寺前間)
10月1日	神奈川線・久保山線廃止
	神奈川線(洲崎神社前～横浜駅前間)
	久保山線(浜松町～阪東橋間)
昭和45年7月1日	保土ケ谷線・神奈川線・本牧線廃止、麦田車庫廃止
	保土ケ谷線(西平沼橋～保土ケ谷橋間)
	神奈川線(高島町～桜木町駅前間)
	本牧線(桜木町駅前～本牧三渓園終点間)
7月10日	6系統と8系統にワンマン運転実施
昭和46年3月21日	長者町線廃止、車掌廃止、車内券廃止
	長者町線(横浜駅前～山元町間)
昭和47年3月30日	野沢屋で横浜市電展開催(4月4日まで)
4月1日	市電・トロリーバス廃止、滝頭車庫廃止
12月16日	市営地下鉄開通(伊勢佐木長者町～上大岡間)
昭和48年8月25日	初代市電保存館開館
昭和58年8月13日	二代目市電保存館開館
昭和63年2月	麦田車庫跡地の碑を建立

あとがき

今思えば戦前の市電が華やかな時代、戦時中の苦難、戦後の復興、廃止への移行を見詰められた私は幸せだった。その推移の見聞録があったので本書の執筆を引き受けた。市電を写した写真は約3300枚程あるが、私はナンバーマニアのせいか市電が大写しのものが多く、電停での風景的なものが少ないので苦労した。

昭和3年には町界町名地番整理事業の施行に伴って電停名の改称が多かった。本文の各電停の説明には改称についてはなるべく記載した。記載できなかったものには清正公前が伊勢佐木町に、黄金橋が日の出町二丁目、扇田町が西区役所入口に改称されている。

永いこと市電に乗ったが、事故に遭ったことがある。高島町を発車した3系統の山元町行きの1300形(ボギー車)に乗っていた時に、急に窓から見える景色が横に流れるので驚いた。市電がポイントを通過中にポイントの切り替えをしてしまったので、前後の台車が別線に入る振分け脱線をしたのであった。

本書の「保存車両」の欄の一覧表に車輪を載せた。今でも私は老松中学校の非常勤職員をしている関係で、私の発案で狭い場所で朽ちない車輪が保存された。これを見た近くの西中学校でも車輪を設置した。

自室の室内電灯はロマンスカーの車内電灯に使われた亀子形のグローブを使用して気分を出している。1500形の間接制御が姿を消す直前には録音機で発電ブレーキの音を録音した。当時の通称、デンスケは大きかった。当時、流行った8ミリでも走行する勇姿を良く撮影したのでフィルム上での動態保存ができた。

いつも眺める街並みの風景、それはゆっくりながら変化している。街は生きている。今回の取材で街の息づかいを知った。

市電に関した私の想い出話はきりが無い。ここまで本書を気持ち良く一気に書いた次第である。今年は市営交通誕生80年に当たり、この良い年に弊書が発刊されたことは喜びに耐えない。鉄道ファンのためか専門用語が多く、私の独断と偏見が加味して読みづらかったことはお許し戴きたい。写真を快く提供して戴いた杵屋栄二、臼井茂信、吉川文夫、三神康彦、田口博、荒井稔、石川伸一郎の諸氏には心からお礼を申し上げます。またJTB出版事業局の大野雅弘氏と西村海香氏のお骨折りには感謝申し上げる次第です。

最後に本書が少しでも横浜市電を後世に語り伝えるよすがにでもなれば幸と思っています。

平成十三年八月十五日

長谷川弘和

【著者プロフィール】
長谷川弘和（はせがわ ひろかず）

大正14年（1925）に横浜で生まれ、横浜育ちのハマっ子で、自宅前の坂を上下する市電3系統の走行音を聞いて育った。横浜市電のことなら何でも知ろうと情熱を傾け、沿線案内、絵葉書、切符、運転系統図、ポスター、チラシ、市電の部品などの収集と共に各種の写真と記録が山積した。横浜市電のほかには旧形国電の探求と横浜地区の鉄道の発達過程の探索をしている。現在は歯科医院を開業し、老松中学校の学校歯科医として勤務している。鉄道以外の趣味は切手の収集。好きな言葉は「温故知新」と「一期一会」。鉄道友の会会員。

●**主な著書**
『横浜市電 乗車券でつづる70年の歴史』（自費出版）
『かながわの鉄道』（神奈川合同出版）
『鉄道記念キップ』（山と溪谷社）
『横浜市電の時代』（大正出版）

◆**写真提供**◆
杵屋栄二、臼井茂信、吉川文夫、三神康彦、田口 博、荒井 稔、石川伸一郎、西村海香

編集協力◆東京編集工房　吉津由美子

デザイン◆吉田了介　**DTP**◆ブレスデザイン　酒井由貴

地図◆エム・アン・イー・プロダクション

＊停留場標識の名称は原則としてそれぞれの停留場の旧写真を撮影した時点の名称にしております。ただし、前後に掲載した停留場との関係から、名称を変更しているものもあります。また、25頁の神奈川と134頁の打越につきましては戦前・戦中に廃止となりましたので、廃止当時の表記で作りました。ご了承ください。

Can Books
JTBキャンブックス

横浜市電が走った街 今昔
ハマの路面電車定点対比

著　者　長谷川弘和
発行人　青木玲二
発行所　JTB
印刷所　図書印刷

図書のご注文は
出版販売センター
〒140-0002 東京都品川区東品川二—三—十一
JTBビル七階
☎〇三—五七九六—五五九三

本書内容についてのお問合せは
出版事業局交通図書編集部
〒140-8603 東京都品川区東品川二—三—十一
JTBビル七階
☎〇三—五七九六—五五四五

Printed in Japan　371380
ISBN 4-533-03980-4 C2026
◉乱丁・落丁はお取り替えいたします
◉旅の完全サイト
http://rurubu.com/

3
1316
中央入口